· 책을 내면서 ·

하고 있으며, 세계 선교의 현장에서 밀알의 삶을 살아가고 있습니다.

이 책은 시대의 흐름에 따라 빠르게 변하는 대학가에서 크리스천 학생들이 겪는 내면적 고통과 갈등의 상담 사례를 모아 놓은 것입니다. 크리스천 대학생들의 필독서이자, 대학 청년부 사역자들이 읽으면 도움이 될 것입니다.

예수 비전으로 민족과 세계의 지도자를 키워 내는 청년 매거진 월간 〈C.C.C. 편지〉에 게재되면서 좋은 반응을 얻기도 했습니다. 한 권의 책으로 엮을 수 있게 될 것을 하나님께 감사드리며, 아름답게 활용될 수 있기를 기대합니다.

펴낸이를 대신하여 〈C.C.C. 편지〉 주간 김철영

· 차 례 ·

책을 내면서/ 2

제1부 "정말 살고 싶지 않아요"

1. 죄책감에 시달리고 있어요/ 9
2. 심한 우울증에 걸렸습니다/ 13
3. 정말 살고 싶지 않아요/ 16
4. 좋아하는 형제가 생겼어요/ 20
5. 말을 잘 하고 싶어요!/ 24
6. 일탈충동 다스리기/ 28
7. 외모에 자신이 없어요/ 32

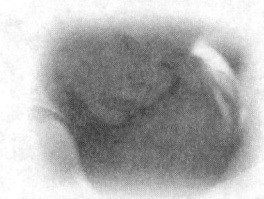

8. 혼자 있을 때 자꾸 무기력해집니다/ 36
9. 어리다고 놀리지 말아요!/ 40
10. 누가 나를 불러요/ 44
11. 주여, 끊게 해 주시옵소서!/ 48
12. 내 몸 돌리도~/ 52
13. 대박의 꿈에 사로잡혀 있어요/ 56
14. 쳇바퀴에서 벗어나고 싶어요/ 59

제2부 "평화의 가정 지킴이가 되고 싶어요"

15. 다른 지체들과 어울리고 싶어요/ 65
16. 사회는 어려워요/ 69
17. 불신 가정에서의 외로운 신앙생활/ 72

18. 사랑하기 힘든 사람, 어떻게 용납해야 하나요?/ 76
19. 저는 질투심이 너무 많은 것 같습니다/ 80
20. 술 권하는 대학에서 어떻게 처신해야 할까요?/ 84
21. 가난 콤플렉스/ 88
22. 비밀이에요! 쳐다보지 마세요/ 92
23. 깨끗한 돈만 벌고 싶어요/ 96
24. 평화의 가정 지킴이가 되고 싶어요/ 100
25. 다들 커닝하는데…/ 104
26. 제 안에 아직 어머니가 있는데…/ 108

제 3부 "제가 천국에 갈 수 있을까요?"

27. 기독교 세계관이 궁금해요/ 113
28. 기독교인의 비윤리성에 대해 어떻게 이해해야 하나요?/ 117
29. 통신에 살고, 통신에 죽고/ 121
30. 하나님의 뜻과 인도하심을 어떻게 알 수 있나요?/ 125
31. 하나님은 어떤 찬양을 받으실까요?/ 129
32. 어떻게 이단에 대해 효과적으로 대처할 수 있나요?/ 132
33. 길거리의 도인들을 어떻게 대해야 할까요?/ 136
34. 의지가 강한 사람이 되고 싶어요/ 140
35. 제게 주신 은사가 무엇인지 알고 싶어요/ 144
36. 제가 천국에 갈 수 있을까요?/ 148
37. 사랑도 넘을 수 없는 벽이 있다/ 152
38. 철새처럼 교회 옮기기?/ 156
39. 기독교를 비방하는 친구가 있어요/ 159
40. 왜 이렇게 변화가 더딘 거죠?/ 162
41. 성경을 볼때 자꾸 곁길로 빠져요/ 165

제1부

"정말 살고 싶지 않아요"

"죄책감에 시달리고 있어요"

Q 저는 현재 대학교를 다니고 있는 크리스천 남학생입니다. 초등학교 6학년 때 음란비디오를 본 이후로 계속해서 그때 보았던 장면들이 생각나고 죄책감에 시달리고 있습니다. 어떻게 하면 좋을까요?

현대를 가리켜 영상 시대, 감각 시대라고 일컫고 있습니다. 위와 같은 일은 영상매체의 대표적인 역기능으로 볼 수 있는 것으로서 오늘날 청소년들과 신세대들에게 많은 피해를 주고 있습니다.

어렸을 때 음란물을 본 사람의 90%가 그 내용이 마음에 깊이 각인되어 결혼에 부정적 영향을 받으며, 보던 장면을 기대하여 기대치에 미치지 못하는 결혼생활에서 실망이 크고, 성생활에 불성실하여 다른 해결책을 찾는다는 보고가 있습니다.

음란물은 입체적인 강렬함 때문에 인간에 대한 환멸을 줌과 동시에 온 세상이 그런 장면인 것처럼 상상되게 합니다. 이성을 인간관계로 보지 못하고 성적으로 연상시켜 왜곡되게 이해하며, 감히 생각지 못할 것을 생각하게 되어 주인공처럼 되고 싶다는 강렬한 욕구를 갖게 됩니다. 계속 보게 되면 중독증에 걸려 안 보면 일이 안 되고, 정서가 불안하게 되어 심리적인 문제로까지 발전합니다.

음란물은 돈을 벌기 위해 성을 상품화하여 만든 것으로, 단지 보여 주기 위한 연출자의 산물이며, 감각적인 부분에만 관심을 갖게 하여 하나님이 주신 선물, 즉 결혼의 테두리 안에서 아름답고 성스러운 성을 왜곡되게 보여 줍니다.

미국이나 일본의 경우 성문화가 자유로운 것처럼 보이지만 청소년에게 성인용 음란물을 빌려 주면 중형으로 처벌하며, 비디오 대여시 청소년 보호를 위해 철저히 확인하고 대여하는 문화입니다. 그러나 우리의 청소년은 보호적 측면에서 무방비 상태며 비디오 가게의 상혼(商魂)도 파는 것에 급급해 청소년 보호를 위한 처벌법규 강화가 요구되는 실정입니다.

청소년 때는 성충동이 강하며 야한 것을 보고 싶은 욕구가 강렬하게 일어납니다. 어렸을 때 보았던 음란물이라 강한 영향을 받아 상상에 사로잡힐 수 있습니다. 이럴 땐 죄책감을 갖지 말고 '성적인 생각은 아주 자연스러운 것이며, 이성에 관심을 갖는 것은 자아 개발의 과정이자 성숙의 단계'라고 생각하십시오.

과거에 본 장면들이나 성적인 욕구가 생각날 때 생각 안 하려고 하는 것보다 적극적으로 친구관계를 개발하고, 강렬한 스포츠나 신체적 운동 등 성적인 에너지를 감소시키고 대치할 수 있는 운동을 개발하시기를 권합니다. 상상하지 않고 생각나지 않게 끊으려 하지만 어려움이 있습니다. 성경은 "성령을 좇아 행하라 그리하면 육체의 소욕을 이루지 아니하리라"(갈 5:16)고 했습니다. 오히려 영적인 활동과 봉사를 하며 성령 안에서 행하도록 하십시오.

자제력이 없을 때 행한 일에 대하여 지금이라도 감정을 하나님께 솔직하게 표현하여 고백하고, 잘못된 죄책감을 버리고, 의지적으로 하나님이 나를 받아 주시는 상상을 하며 자유함을 누리시기를 바랍니다. 평소에 죄책감으로 하나님이 화내는 것을 자연스럽게 생각했겠지만, 이제는 성령님이 형제의 상상력을 지배하여 치유하시기를 원한다고 상상하십시오. 잘못된 죄책감을 벗겨 주시기를 원하시는 하나님을 의지적으로 상상하십시오.

"그리스도 안에 있으면 새로운 피조물이라 이전 것은 지나갔으니 보라 새것이 되었도다"(고후 5:17). 과거의 행동을 하나님 안에서 고백함으로 청산하고 하나님 안에서 새로운 삶을 허락받으십시오(요일 1:9). 과거에 문제가 있어도 재창조하시는 분의 손길 속에서 새롭게 될 수 있습니다. 곰팡이를 햇빛에 드러내 놓으면 더 이상 번식하지 않는 것처럼 문제를 전문가에게 직접 내 놓으면 더 빠른 치유를 경험하게 될 것입니다. 스스로 해결이 어려우시면 C.C.C. 청소년상담실의 상담을 권하며, 지극히 내성적인 경우에서 오는 경우도 있으니 성격검사를 통하여 치료받는 것도 좋은 방법일 것입니다. 하나님의 치유를 통하여 자유함을 누리시기를 바랍니다.

최근세 · 필리핀 ISOT 졸업, 목포C.C.C. 대표간사

"심한 우울증에 걸렸습니다"

Q 요즘 저는 심한 우울증에 시달리고 있습니다. 사람들을 만나는 것도 귀찮고 어떤 일을 해도 의욕이 생기지 않습니다. 학업을 위해 지방에서 상경한 지 얼마 되지 않아 서울에는 아는 사람도 없어 저와 대화해 줄 사람도 없습니다. 제가 살고 있는 지하방에서 혼자 오랜 시간을 보내다 세상에 나오면 가끔 적응하기가 힘듭니다. 저도 다른 사람들처럼 생기있는 삶을 경험하고 싶습니다. 도와주십시요.

A 귀하의 우울증은 관계의 단절에서 오는 증상인데, 먼저 친구를 만나십시오. 지금은 새로 친구를 사귀기가 힘들다고 생각됩니다. 서울에 사는 시골 친구를 생각해 내서, 지금 전화를 거십시오. 만나십시오. 그 친구도 혼자 살고 있다면 함께 살자고 요청해 보는 것도 좋겠습니다. 만나는 것도, 함께 사는 것도 어렵다면 그 친구에게(서울에 없다면 지금 시골에 살고 있는 친구도 좋습니다.) 일주일에 두세 번씩 전화해 달라고 부탁하십시오.

귀하의 관심이 필요한 외로운 학과 친구를 학교에서 발견할 수도 있습니다. 시골에 계신 부모님께 아침 저녁 문안인사 드리는 것을 시도해 볼 수도 있습니다. 사람들과 어울리는 것이 자신이 없더라도 옛 시골 친구는 다를 것입니다.

옛 친구를 만나서 속 이야기를 털어놓으며 감정적인 결속을 경험하는 것이 필요합니다. 상담실에 전화를 했듯이 친구들에게 알리면 친구들이 기뻐할 것입니다. 예수님께서는 "내 계명은 곧 내가 너희를 사랑한 것같이 너희도 서로 사랑하라 하는 이것이니라."(요 15:12)고 말씀하셨습니다.

우리가 하나님, 그리고 다른 사람들과 관계를 맺지 않으면 서서히 힘을 잃게 됩니다. 튼튼하고 확실한 인간관계가 없으면 우리는 누구라도 심리적, 정서적인 문제로 지상에서 지옥을 맛볼 수도 있습니다. 40대 중년 여인들이 우울증에 빠지는 것도 남편과 자녀들이 사회생활로 제일 바쁜 시기에 가족간의 결속이나 대화가 단절되어 소외감을 느끼면서 생깁니다.

사람은 0~2세 때에 포근한 사랑을 받으면서 정서적인 결속(친밀한 관계를 맺는 능력)을 내면화하는 것이 필요합니다. 그러나 어린 시절 부모와 결속이 잘 되었다 해도 귀하처럼 친구가 없이 관계가 단절되면 일시적으로 우울증이 생길 수도 있습니다. 우리 모두는 친구가 필요합니다.

운동을 권합니다. 눈을 뜨자마자 산책을 떠나보십시오. 외출할 기분이 아니더라도 일단 외출을 시도하십시오. 식욕도 돌아오고 몸에 힘도 생길 것입니다. 가까운 교회의 새벽기도회에 참석한다면 이상적일 것입니다. 새벽 운동은 몸과 마음에 활력을 줄 것입니다.

혹시 다니는 학교가 자존감을 주지 못한다고 생각되면, 색안경을 버리십시오. 열등감의 색안경을 쓰고 자신을 보면 서울 학생들과 어울릴 자신도 없고, 자신의 존재가 별로 중요하지 않다고 느껴져 의견을 표현하는 것이 어려울 것입니다.

형제는 천하보다 귀한 분입니다. 예수님은 형제를 위해 생명을 주셨습니다. 에베소서 1장을 읽으시고 묵상하십시오. 죠쉬 맥도웰의 저서인 「주의 형상, 나의 형상」(순 출판사)이나, 닐 앤더슨의 「이제 나는 알았습니다」(조이 출판사)를 권합니다.

형제는 정서적인 연결이 부족하여 우울증 증세가 나타났지만, 이렇게 상담실을 두드린 용기를 보면 문제를 해결할 수 있을 것 같습니다. 하나님의 은혜 속에서 승리하기를 기도합니다.

김진순 · 前 C.C.C. 인격개발세미나 강사

"정말 살고 싶지 않아요"

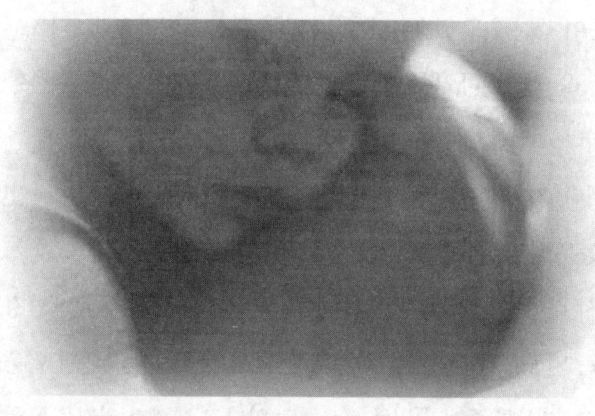

Q 저는 낮에는 아르바이트를 하고 밤에는 야간학교를 다니는 대학생입니다. 부모님은 제가 초등학교 때 점쟁이의 '살이 꼈다'는 말에 잘 사시다가 헤어지셨고, 아버지는 재혼을 하시고 어머니는 식당일을 나가십니다. 제 아르바이트로는 등록금을 충당하지 못하는데, 어머니마저 아프십니다. 혼자 자립할 수 없다는 것 때문에 엄마에게 짐이 되는 것 같고 정말 사는게 힘이 듭니다. 주위엔 친구도 없습니다. 정말 살고 싶지 않습니다. 어떻게 하면 좋을까요?

A 상담 편지를 읽다가 욥을 생각해 보았습니다. 그는 세상에서 가장 복된 사람이었습니다. 그는 세상의 기준으로도, 영적인 기준으로도 부족함이 없었습니다. 그러던 그에게 극심한 고난이 닥쳤습니다. 숨쉴 틈도 없이, 단 하루 만에 모든 것을 잃어버렸습니다. 거기에다 육체적인 고통을 겪어야 했고, 아내의 비웃음과 친구들의 기나긴 비난까지 들어야 했습니다.

사람은 불행한 일을 만나면 첫 번째로 왜 나에게 이런 일이 닥치는지, 그 이유가 무엇인지를 질문합니다. 두 번째로는 '언제쯤 이 일을 극복할 수 있을까?', '극복이 가능할까?'를 질문합니다. 원인과 전망의 관점에서 자신의 상황을 보는 것이지요.

욥은 고통의 원인을 알 수 없었습니다. 그리고 미래에 대해서 아무런 희망도 가질 수 없었습니다. 아무리 어렵더라도 자신의 상황을 수긍할 수 있고, 또 앞으로 좋은 쪽으로 상황이 바뀌리라는 희망을 가질 수만 있다면, 그러니까 자신의 처지에 의미를 부여할 수 있다면 훨씬 견디기가 쉽습니다. 그렇지 못할 때는 깊은 좌절감과 무력감을 느끼게 되지요. 질문하신 분의 마음이 바로 이런 것이 아닐까 생각됩니다.

아마도 식당 일을 하시는 어머니와 함께 살면서 아르바이트로 학비와 생활비를 버는가 보군요. 그런데 그것이 충분하지 않아서 아픈 어머니에게 짐이 되는 것 같고, 때론 살고 싶지 않다는 마음이 들 만큼 그러한 형편이 고통스럽겠군요.

질문에는 잘 표현되어 있지 않지만, 부모님의 이혼과 어려운 환경에 적응해야 하는 일이 당시 초등학생의 나이로는 참 고통스럽고 힘들었을 것입니다. 그런 과정에서 많이 놀라고, 무서워하고, 위축되었겠지요. 이해할 수 없는 일이 많았을 것입니다. 그런 춥고 움츠린 마음으로는 공부를 하는 것도, 친구를 사귀는 것도 힘들었겠지요.

또 점쟁이의 어처구니없는 말에 이혼해 버린 부모님, 특히 재혼하여 원래의 가족을 돌보지 않는 아버지에 대한 원망과 미움을 마음 저 깊은 곳에 차곡차곡 쌓아오지 않았을까 생각됩니다. 그리고 그런 상황을 허락하신 하나님에 대해서도 섭섭한 마음과 불신감을 가졌으리라 여겨지구요.

그런 과정을 되짚어 보면서 솔직하게 자신의 감정을 들여다보서야 되겠습니다. 부정적인 감정들을 인식하고 적절하게 표현하면서 아파하고, 울고, 또 자신을 달래는 과정이 필요하지요. 그러나 거기서 끝나면 안됩니다. 현실로 주어진 상황 중에서 변화시킬 수 있는 것과 변화시킬 수 없는 것을 구분하고, 변화시킬 수 있는 것에 마음의 에너지를 집중해야 합니다.

예컨대 부모님이 이혼하신 사실은 아무리 아파해도 변화시킬 수 없는 과거사입니다. 반면 마음을 나눌 수 있는 친구를 사귀는 일은 지금도 충분히 가능한 일입니다.

이런 일을 혼자서 다 하려고 생각하지 마십시오. 간사님이나 선배, 혹은 전문적인 상담자를 찾아서 현실적인 대안을 찾아보고 의논하는 것이 필요합니다. 그것이 좋은 첫걸음이 될 것입니다.

고난을 통해서 우리를 정금같이 연단하시는 하나님께서 반드시 길을 열어 주시고, 살아갈 힘과 용기와 위로를 주실 것입니다.

정남운 · 서울대 및 동대학원 졸업(상담심리학 박사),
'사랑의 클리닉' 심리상담실 소장

"좋아하는 형제가 생겼어요"

Q 사역하다가 우연히 어떤 형제를 만났습니다. 서로 연락하며 기도의 동역자로 지내다가 몇 번 만나고 서로 좋아하게 되었습니다. 그렇지만 만날 때마다 다른 지체들이 볼까 봐 조마조마했습니다. 그 형제를 좋아하긴 하는데 C.C.C.에서는 4학년 2학기 때부터 교제를 하도록 권장하고 있어서 과연 사귀어야 하는지, 사귀면 언제쯤 사귀면 괜찮은지 잘 모르겠습니다.

계속 이렇게 몰래 만나는 것도 힘들 것 같고, 또 교제를 하면서 과연 사역을 잘 해 나갈 수 있을지 걱정스럽습니다.

A 남녀의 만남은 당사자들은 물론 주변 사람들까지도 설레이게 합니다. 하나님의 뜻대로 아름답게 교제하다가 결혼으로 골인하는 경우들도 있고, 그렇지 못한 경우도 있습니다. 교제하다가 아름답지 못하게 헤어지는 경우에는 서로에게 뿐만 아니라 여러 지체들에게 아픔을 남기기도 합니다. 그러므로 인생의 아름다운 시기에 바른 결정을 할 수 있도록 신중하게 행동해야겠습니다.

자매님께서는 좋아하는 형제가 생겼는데 어떻게 해야 할지 알고 싶어하시지요? 저는 먼저 두 분의 관계가 감정적으로 더 발전되기 전에 어느 정도의 기간을 갖고(그 기간 동안에는 만남을 갖지 말고) 기도하며 하나님과 영적 지도자들의 권면을 듣는 것이 좋을 거라 생각합니다. 결혼과 데이트에 대한 책자들을 읽는 것도 필요합니다. 지식이 없는 소원은 선하지 못하기 때문입니다. 준비 없는 만남보다 데이트와 결혼에 대해 하나님 중심의 결혼관을 정립하는 것이 더 우선됩니다.

C.C.C.에서는 4학년 2학기 이전에 갖는 일 대 일의 만남을 그리 권장하지 않습니다. 왜냐하면 자신을 하나님 앞에 드려 정결하게 훈련되기보다는 이성과의 만남에 더 관심을 쏟기 때문입니다. 준비되지 못한 만남은 서로에게 많은 상처를 주거나, 아름답지 못하게 헤어지는 경우가 더 많거든요. 사실 결혼은 두 사람의 열렬한 감정만으로 지속되는 것이 아니라 용납과 헌신, 인격적 성숙 위에 아름다운 사랑을 꽃피우는 것이기 때문에 여러 가지 영역에서의 훈련을 통해 준비해야 행복한 결혼 생활을 할 수 있습니다.

여기에 성공적인 만남을 위한 몇 가지 지침을 제시하겠습니다. 데이트에는 'group date', 'serious date'(결혼을 전제로 한 1:1의 만남)가 있습니다. 결혼을 전제로 한 1:1의 만남을 갖기 전에 불특정 다수의 사람들과 만나 'group date'를 먼저 하는 것이 바람직합니다. 곧 남녀가 함께 어울리는 각 지구활동이나 거지순례전도, 단기선교여행, 기도회 등을 통해 '나는 이런 형의 사람을 좋아(싫어)한다.', '난 이런 사람하고 만나면 행복할 것 같아.', '하나님께서 이런 결혼은 기뻐하실 것 같아.' 등의 생각을 정리하며 하나님의 뜻을 분별하는 것입니다.

이러한 'group date'의 과정을 통과한 후 1:1의 만남으로 들어가는 것이 안전합니다. 그러나 주의하여야 할 것이 있습니다. 배우자 선택이론 가운데 'imago 이론'이란 것이 있습니다. 간단히 설명하면 배우자를 선택할 때 자신의 양육 과정 중 양육자가 가졌던 특성과 비슷한 사람에게 더 끌린다는 이론입니다(예: 아버지 같은 신랑감을 찾는다).

그런데 양육자의 긍정적 특성보다는 부정적 특성을 가진 사람에게 무의식적으로 더 호감을 느낀다고 합니다. 그래서 양육자로부터 채움받지 못한 것을 배우자로부터 채움받으려는 무의식적인 욕구를 지니고 있다고 합니다. 그러나 그 배우자는 채워 줄 수 있는 능력이 없기 때문에 계속적인 갈증이 있게 됩니다. 그래서 각 사람은 채워지지 않는 욕구를 갖고 허덕이며, 결혼 생활에서 갈등하고 행복하지 못합니다.

행복한 결혼 생활을 하려면 우리가 보고 느끼기에 좋은 사람을 선택하는 것이 아닌, 하나님의 관점을 가지고 사람을 선택하는 것이 필요합니다. 내가 원하는 것, 고집하는 것을 내려놓고, 또 내가 갖고 있던 일정한 틀도 내려놓고 "나보다도 나를 더 잘 아시는 주님, 내가 어떤 사람과 결혼해야 행복할지를 아시는 주님, 하나님이 기뻐하시는 사람을 나도 좋아하게 해 주십시오. 나의 감정과 의지도 다스려 주십시오."라고 겸손히 기도하십시오.

제가 아는 많은 분들이 이러한 자세로 기도하며 구했고 그 결과로 만족스러운 결혼 생활을 하고 계십니다. 중요한 것은 훌륭한 배우자감을 찾기 이전에 내가 먼저 훌륭한 사람이 되어야 한다는 사실입니다. 한 번을 만나도 상대방의 삶에 축복이 되어야겠다는 자세가 우리의 만남들을 아름답게 할 것입니다.

김정진 · 전 C.C.C. 가정상담실 실장, C.C.C. 미국 선교사

"말을 잘 하고 싶어요!"

Q 저는 말주변이 없습니다. 친구들이랑 함께 있을 때나 그룹 성경공부 모임을 할 때, 또는 교수님 앞에서 저의 생각을 표현해야 할 때 자꾸만 생각은 머리 속에서 빙빙 도는데 말이 잘 안 나옵니다. 남들의 이야기를 듣는 것은 참 즐겁습니다. 그런데 내 차례가 되면 왠지 초조하고 불안해집니다. 이제 조금씩 말이 필요한 자리는 부담스러워지려고 합니다. 말을 잘 하고 싶은데 어떻게 해야 할까요?

말을 하려고 하는데 잘 안 나오는 이유를 먼저 생각해 봅시다. 완벽주의 성향이 있을 때 말이 잘 안 나옵니다. 말을 할 때 논리적으로 완벽하게 하려고 하면 오히려 어려울 수 있습니다. 머리 속에서 여러 가지로 말을 연결해서 하려고 하면 때를 놓치거나 아예 말을 안 하게 됩니다.

완벽주의 성향을 가진 사람들은 마음이 여리고 예민한 사람들이 많습니다. 또 다른 사람들로부터 평가를 받는 데 민감하기 때문에 말을 잘 하려고 합니다. 다른 사람들의 평가를 너무 의식하다 보면 말을 하는 데 있어서 많은 신경이 쓰입니다. 말을 잘 못했을 때 '다른 사람들이 어떻게 생각할까?', '바보라고 하지 않을까?', '어리숙하다고 하지 않을까?' 하는 등의 걱정과 염려를 하게 됩니다.

이러한 걱정과 염려는 결국 자신의 마음속에 있는 거절에 대한 두려움 때문에 생깁니다. 거절에 대한 두려움은 다른 사람들로부터 인정과 사랑을 받으려는 동기에서 발생합니다. 어린 시절에 부모님, 혹은 중요한 사람들로부터 인정을 제대로 받지 못했거나, 마음에 상처를 입은 사람들은 거절에 대한 두려움이 많아집니다. 거절에 대한 두려움은 자신의 마음속에 비난의 목소리를 만들어 냅니다. 자신의 마음속에서 자신의 행동에 대해 끊임없이 관찰하고, 잘했는지 못했는지 평가합니다.

잘못된 행동을 하거나 실수를 하면 자신을 호되게 야단칩니다. 야단을 맞게 되면 마음속에 죄의식, 창피감 혹은 절망 등의 감정이 생깁니다. 따라서 비난을 경험하지 않기 위해서 아주 잘 하려 하고, 잘 하지 못하면 미리 포기하게 됩니다.

특히 여러 사람들과 같이 있을 때는 당황하고 말을 더듬기도 하며 때로는 자신의 생각과는 다른 엉뚱한 말을 하기도 합니다. 그러면서 또 한 번 고통과 아픔을 경험하고 악순환의 고리에 빠지게 됩니다.

이럴 때 비난의 목소리를 다루는 방법을 알아야 합니다. '완벽하게 말을 잘 해야 한다.'는 믿음을 버리고, '완벽하게 말을 잘 하고 싶다.'라는 믿음으로 바꾸십시오. 사람들은 누구나 다 완벽하게 말을 잘 하고 싶어합니다. 하지만 사람은 그렇게 할 수 없습니다. 완벽하게 말을 잘 하고 싶은 욕구는 인간의 죄성을 반영합니다.

인간은 자신이 부족하기 때문에 잘 함으로써 자신의 부족함을 보충하려고 합니다. 인간은 실수가 많고, 항상 쓸모 있고 조리 있는 말만 할 수는 없다는 사실을 인식해야 합니다. 자신의 실수를 인정하고 받아들임으로써 인간이 됩니다. 만일 절대로 실수도 안하고 항상 말을 잘 한다면 이러한 사람들은 인간이 아닙니다. 인간이 아니면 무엇이겠습니까?

인간은 죄를 지은 이후로 하나님이 되기를 원합니다. 말을 완벽하게 잘 하려는 마음도 하나님이 되고자 하는 마음입니다. 따라서 인간은 모두 인간이 되어야 합니다.

인간은 완벽할 수 없는 부족한 사람이고, 단독으로 잘 할 수 있는 존재가 아니라 하나님의 은혜로 잘 할 수 있다는 사실을 받아들이십시오. 또 실수를 한다 해도 다른 사람들이 다 받아들일 수 있다는 사실을 인식하기 바랍니다. 나도 실수하고 당신도 실수할 수 있습니다. 실수에 대해서 두려워하지 마십시오.

김용태 · 횃불트리니티 신학대학원대학교 기독교 상담학 교수

"일탈충동 다스리기"

Q 청소년이라는 꼬리표를 달고 입시 때문에 긴장하고 눌려 있던 감정에서 벗어나 갑자기(?) 주어진 넉넉한 시간과 해방감, 따스하고 아름다운 캠퍼스의 봄날에 주체할 수 없이 밀려 오는 일탈충동, 무엇이든 다 경험해 보며 자유를 만끽하고 싶은 마음을 어떻게 지혜롭게 다스려야 좋을지 모르겠습니다.

대학 진학이라는 청소년기 최대의 도전과 위기를 잘 극복하고 캠퍼스의 어엿한 주인공이 되신 것을 진심으로 축하합니다.

돌이켜 보면 참 어렵고 힘든 시간이었죠? 세상을 탐색하고, 또 진정한 자신을 찾아 많은 실험을 해야 할 빛나고 소중한 시기에, 그 넘쳐나는 에너지를 억누르면서 모든 좋은 것을 '대학 들어간 이후'로 유예시키며 견디어 온 순간들이었을 것입니다. 그런 까닭에 이때까지의 억압의 굴레를 벗어 던지며 자유를 맘껏 누리고 싶고, 또 무엇이든 직접 경험하며 자신의 정체를 찾아 모험하고 싶은 마음이야 충분히 이해가 가고도 남습니다. 어떤 의미에서 대학생이라면 그렇게 하는 것이 당연하다고 생각합니다.

그런데 우리 나라 대학 신입생들은 때늦은 사춘기를 앓는 경우가 많은 것 같습니다. 한 사람의 어른으로 성숙해나가는 일종의 통과의례로서 나름대로 매우 소중한 시기가 될 수 있지만, 그 앓음이 너무 심하여 많은 상처와 후유증을 남기면서 대학 시절을 보내는 경우도 적지 않습니다.

여러 가지 이유가 있겠지만, 자유를 누리는 것 자체가 목적이 될 때에도 그렇게 되는 듯합니다. 목표가 있을 때 진정 자신에게 유익한 방향으로 그 자유를 활용할 수 있을 것입니다. 대학 생활에서 성취해야 할 일들이 많이 있겠지만, 평생의 삶을 위한 지표랄까 자신의 삶의 지향점을 분명히 하는 것이 무엇보다 중요하다고 생각합니다. 무엇이 되고 싶습니까? 그리고 그 '무엇'이 된 다음에는 어떤 삶을 살고 싶습니까? 이 질문에 대한 답을 찾고자 하는 사람은 젊음을 낭비할 수 없겠지요. 순간의 쾌락에 몰두하거나 모든 진지한 탐색에 냉소하는 사람들은 사실은 이 질문이 두려워 피하고 있는 것인지도 모릅니다.

우리의 가치관은 그것이 의식적이든 무의식적이든 상상 이상으로 강력한 힘을 가지고 있습니다. 우리가 어떤 사람인지를 규정하는 동시에, 또 우리를 어떠어떠한 사람이 되도록 이끌어 가는 힘이 있습니다. 그리스도인임을 고백하고 제자로서의 삶을 살겠노라고 다짐하는 것만으로 우리는 결코 진정한 그리스도인이 되지도, 또 자유로워지지도 않습니다. 그 내면의 행복의 기준과 삶의 목표가 세속적인 가치관에 입각해서 세워진, 무늬만 그리스도인인 사람들이 많이 있습니다.

남의 이야기를 할 것 없이 바로 제가 그러한 사람입니다. 어릴 때부터 교회에 다니고, 또 대학 시절 기독 동아리에서 활동하면서 신앙적 용어와 행동 규범에는 매우 익숙하였지만, 그것은 단지 겉모습뿐이었다는 것을 당시에는 몰랐습니다.

세속적 성공의 기준에 미달될 때, 예컨대 사람들에게 인정받을 만한 지위와 재산이 없을 때 겉으로 의연한 척하면서도 내심 불안해 하고, 심지어 비참해 하던 내 모습을 분명하게 기억합니다. 그러한 나를 들여다보면서 나는 세상의 가치관에서 단 한 발자국도 벗어나지 못한 사람이구나 하는 자각에 얼마나 부끄럽고 아팠는지요.

이 봄에는 자신의 내면에 깊숙하게 스며들어와 있는 비기독교적인 가치관을 분명히 인식할 수 있는 힘을 키우시기 바랍니다. 바른 영성과 가치관을 확립하도록 돕는 단체에 계시는 분들과 대화하고, 또 좋은 책들을 소개받아 읽으면 큰 도움이 될 것입니다. 바르게 알면 바르게 결단할 수 있는 가능성, 그리하여 진정으로 자유로운 사람이 될 가능성이 그만큼 더 높아질 것입니다.

정남운 · 가톨릭대 심리학과 교수

"외모에 자신이 없어요"

Q 요즘 친구들을 보면 특별히 못생긴 사람이 없습니다. 캠퍼스든 시내든 어딜가나 다들 훤칠하고 잘생겼습니다. 그래서 저는 제 자신에게 자신이 없습니다. 어디 한 군데 잘생긴 구석도 없고, 그렇다고 특별히 매력도 없어 보이는 저의 외모 때문입니다. 그런데 남들 앞에 서면 움츠러들곤 합니다. 언제나 이렇게 소심한 나로 살아갈 것인지…. 사회는 자꾸만 잘생긴 사람을 우대합니다. 어떻게 해야 하는지요?

A 저도 사춘기와 청년기 및 결혼 전 내 자신의 신체에 대한 고민도 해 보았고, 잘생긴 사람들을 보면 부럽기도 하고 밉기도 한 시절이 있었습니다. 때로는 대인공포증으로 혼자만의 시간을 갖고자 하기도 하였습니다. 이러한 모습은 흔히 세상에서 소극적이고 내성적인 성격의 사람들에게 나타납니다.

우선 하나님 앞에서 자신을 발견하기를 바랍니다. 우리는 하나님의 사랑하는 자로 지음받았음을 깨닫고 느낄 수 있기를 바랍니다. 하나님이 주시는 자존감과 그리스도인으로서 정체성을 회복해야 합니다. 그리스도인으로서 하나님 안에서 자기 자신을 용납하고 건강한 자아를 회복한 후에 성형에 대하여 주님께 묻고 결정하시면 후회함이 없을 것입니다.

성형외과 상담실에서 미용 수술 전, 가능한 많은 시간을 환자나 보호자와 토의를 합니다. 그 중에서 꼭 질문하는 내용 중의 하나가 수술의 동기입니다. "왜 코를 높게 하는 수술을 하기를 원하시죠?" 등등. 성형수술을 받고자 하는 많은 사람들은 자신의 신체에 대한 존중감이 일반인보다는 높다는 논문의 보고도 있습니다. 본인 스스로 원하고 필요하다고 느낄 때, 의사의 입장에서 개선의 여지가 높은 경우에는 수술을 권하고 환자와 보호자의 동의를 얻어 수술합니다. 이런 분들의 삶은 수술 전보다 대체로 자신감을 갖고 생활하며 얼굴이 밝아 보입니다. 그러나 본인의 의사보다는 주위 사람들의 권유로 성형수술을 받는 사람들은 수술 후 만족도가 떨어집니다.

우리는 또한 광고의 홍수 속에 살고 있습니다. 신문에 실린 기사, TV에 나온 의사의 말을 100퍼센트 정답인양 생각하는 어리석음이 우리들에게는 있습니다. 속을 들여다보면 많은 부분이 과장 광고인 경우가 있습니다. 실제로 무슨 수술이건 어떤 치료건 합병증이나 부작용 생길 가능성은 항상 존재합니다. 어떤 의사들은 수술 전 합병증에 대한 설명을 회피하는 경향이 있습니다.

믿음을 갖고 사는 분이라면 모든 일이 그러하듯이 수술을 결정하기 전에 스스로 판단하지 말고 기도로 주님과 상의하시기를 권합니다. 아직 믿음 생활을 시작하지 못한 분이나 믿음이 약하여 주님과 깊은 교제를 나누지 못하시는 분이라면 스스로에게 물어 보십시오. 자기가 진정으로 원하는 것인지를. 그리고 성형외과 의사와 상담하십시오. 자세하게 상담해 주고 합병증도 충분히 설명하고 강권하지 않는 의사를 택하십시오. 다음에 기대감을 낮추기를 권합니다.

성형수술을 한다고 해서 완전히 자기의 모습이 유명한 배우나 연예인으로 변하지 않습니다. 대체로 자기의 원래의 모습에서 조금의 변화가 올 뿐입니다.

저는 또한 하나님이 주신 신체에 칼을 대는 것은 불경(?)스럽다거나, 혹은 부모로부터 물려받은 신체에 손을 대는 것은 불효라는 맹목적인 믿음에 대하여서는 개인적으로 반대합니다. 하나님은 성형외과 의사의 손을 통해서도 주님의 뜻을 행하신다고 믿고 일하고 있습니다. 신문, 잡지, TV 등의 기사나 광고에 현혹되지 말고 현명한 판단을 하시기를 바랍니다.

마지막으로 날마다 주님과 교제하는 삶, 외모도, 내면도 아름답고 건강한 삶이 되기를 바랍니다.

차진한 · 이화여대 의대 성형외과 교수

"혼자 있을 때 자꾸 무기력해집니다"

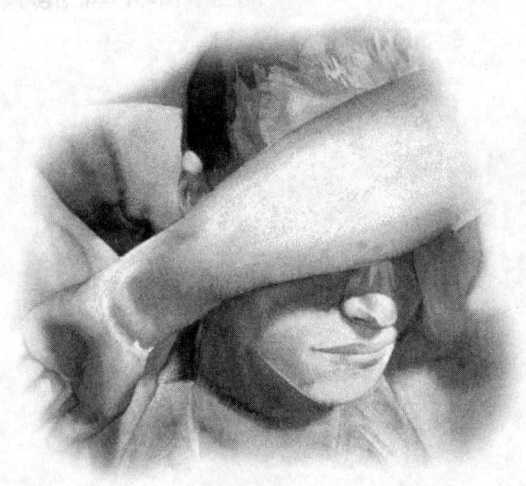

Q 방학이 끝나고 새 학기가 시작되었습니다. 여름수련회나 교회의 여러 좋은 집회들에 참석할 때면 뜨거운 집회 열기와 공동체 무리 속에서 나도 성령으로 충만한 것 같고, 마음도 뜨겁고, 무엇이든 할 수 있을 것 같은데, 막상 아무도 없이 나 혼자 있는 일상으로 돌아오면 웬지 힘이 다 빠지는 것 같고, 나 자신이 무기력하게 느껴집니다. 어떻게 하면 함께 있을 때나 혼자 있을 때나 동일하게 살 수 있나요?

A 사실 많은 형제 자매들이 여름수련회에 참석하여 은혜의 시간을 가진 후에 막상 삶의 일상으로 돌아오면 수련회에서 받았던 은혜나 열정은 잃어버린 채 무료한 나날을 보낼 수 있습니다.

이러한 상태에서 느끼는 감정이나 영적 무기력함의 근본 원인을 깊이 들여다보면 그 뿌리는 외로움이라고 볼 수 있습니다. 외로움이란 느낌은 사실 대부분의 현대인들이 겪고 있는 심리적 증상입니다. 특히 많은 사람들과의 의미 있는 만남 이후에는 더욱 그러한 느낌을 가질 수 있습니다. 이에 대하여 상담 심리학자 게리 콜린스 박사는 다음과 같이 언급합니다. "외로움이란 다른 사람들과 의미 있는 만남을 갖지 못할 때 느끼는 고통입니다. 그것은 내면적인 공허감이라 할 수 있고, 그러한 감정과 함께 슬픔이나 낙심, 고립감, 불안, 초조감 등이 따라오게 됩니다. 그것은 또한 누군가가 자신을 찾아주고 필요로 해 주기를 열망하는 욕구이기도 합니다."

우리가 성장함에 따라 청소년기에는 또래 친구의 인정이 필요하고, 청년기에는 사회적인 수용과 이성 친구의 용납을 필요로 하며, 마침내 적당한 후보자가 나타날 때는 데이트를 통해 적어도 한 사람에게 의미 있는 존재가 되기를 원하게 됩니다.

그럼 과연 어떻게 하면 혼자 있을 때도 충만하고 남을 돌아보는 삶을 살 수 있을까요?

첫째, 우리가 알아야 할 것은 영적 생활의 특성상 함께 모이면 그만큼 영적 에너지가 모여지며 상승 작용을 하게 되므로 서로가 힘을 얻게 되고 충만한 느낌을 갖는 것이 건강한 반응이라는 것입니다. 그렇기에 성경은 우리에게 모이기에 힘쓰도록 권면하고 있습니다(히 10:24~25).

둘째, 우리의 신앙은 하나님과의 일대일 만남이 없이는 공허한 형식일 수밖에 없다는 사실을 인정해야 합니다. 아울러 신앙의 출발과 성숙, 나아가서 가장 궁극적인 단계에 이르는 길은 나와 하나님과의 깊이 있는 만남 속에서만 가능하다는 사실을 이해해야 합니다.

그렇기 때문에 홀로 있는 고요한 시간은 내가 하나님을 개인적으로 만날 수 있는 절호의 기회임을 기억하고, 그 분과의 밀회를 누리는 시간으로 승화시키도록 노력해야 합니다.

우리가 흔히 말하는 QT(Quiet Time)는 그런 의미에서 삶의 중요한 부분인 것입니다. 평일이나 공휴일 등 시간 제한 없이 한두 시간 내지는 한나절 하나님 앞에 기도와 말씀묵상, 찬송을 부르는 시간을 가질 수가 있을 것입니다.

셋째, 평소의 좋은 습관이나 질적인 삶을 위해서는 적절한 훈련이 필요합니다. 오늘날 우리는 너무나 쉽게 우리의 시간을 점령당할 수 있는 문화적 환경 속에 살아가고 있습니다. TV나 영화, 컴퓨터 프로그램(게임이나 인터넷) 등 우리의 시선과 관심을 끊임없이 유혹하고 있는 이 모든 것을 외면하고 하나님 앞에 나아가려는 단호한 결심과 절제의 능력이 필요합니다.

이를 위해서는 평소에 경건의 훈련을 받을 필요가 있습니다. 특히 개인 시간관리나 묵상 훈련 등을 통해 개인적으로 영적 생활에서 능력 있는 삶을 살아갈 수 있게 될 것입니다. 또는 경건 서적(기도에 관한 책이나 믿음의 선배들의 글이나 전기 등)을 읽는 것도 도움이 될 수 있습니다.

금병달 · 전 C.C.C. 가정선교원 원장, C.C.C. 미국 선교사

"어리다고 놀리지 말아요!"

Q "어른들과의 대화가 힘듭니다. 어리다는 이유로 대화 중에 무시를 당하고 심지어는 '절대 순종'이라는 명목하에 대화를 거부당하는 일도 있습니다. 말대답이라도 해 보고 싶지만 버릇없다는 소리를 들을까 봐 아예 아무 말도 안 하다 보니 부모님과의 대화도 점점 줄고, 교수님들과의 관계도 서먹합니다. 이렇게 계속 어른들과의 대화를 피해야만 하는 것인지 매우 답답합니다."

A 나이가 어리다는 이유만으로 관계에서 소외되고 듣기 싫은 소리를 듣는 다면 기분이 좋을 사람은 한 사람도 없을 것입니다. 답답해 하시는 문제에 대해 같이 생각을 나눠 볼까 합니다.

소외와 차별이 일어나는 곳에서는 늘 반대현상도 일어납니다. 나이 많은 분들도 소외되기 쉽습니다. 은행 자동화코너는 노인들이 소외를 당하는 대표적인 장소 가운데 하나입니다. 뒤에서 기다리는 젊은이들은 대부분 얼굴을 찌푸립니다. 어린 사람들의 경우엔 지식과 경험이 없다는 이유로 소외를 당하기 쉽지만, 나이가 들게 되면 새로운 지식과 기계로부터 소외를 당하기 쉽습니다. 그렇기 때문에 자매님이 가진 문제는 우리 모두의 문제이기도 합니다.

대화의 문제는 주제를 얼마나 공유하느냐의 문제이기도 합니다. 상대방이 못 알아듣는 얘기는 무의미합니다. 관계를 발전시키기 위해서는 공유하는 주제가 많아야 하고, 그러려면 나와 다른 사람들을 이해해야 합니다. 산에 올라보면 바위들이 모양이 각기 다르고, 나무와 꽃들이 다르고, 새들의 노래 소리도 각기 다른 것처럼 사람도 다릅니다. 다른 것은 나쁜 것이 아니고, 관계를 풍요롭게 하고 부족한 것을 보충하는 기능을 합니다. 틀린 것, 잘못된 것은 수용할 필요가 없지만, 다른 것은 받아들일 수 있어야 합니다.

인터넷 대화방에서 이야기해 보면 반응을 보아 상대방의 나이를 짐작할 수 있습니다. '와하하하' 하면서 웃으면 삼십대이고, '추워요' 하면 이십대이고, 전혀 반응이 없으면 대개 십대입니다.

어린 사람들, 학생들이 어른들, 간사들과 대화하기 위해 고민하는 것처럼 많은 어른들, 간사들도 같은 고민을 합니다. 자기중심적인 시대에 학생들이 우리의 긴 강의와 메시지를 들어 주는 것이 얼마나 감사한지 모릅니다. 그래서 그들의 얘기를 들어 주려고 노력합니다. 차이라는 것은 지식의 문제라기보다는 마음의 문제입니다. 훌륭한 어른들과도 생각이 다를 때가 있지만, 존경하고 신뢰하는 마음으로 대화를 해 나가면 아무런 문제가 되지 않습니다.

또한 우리는 다른 세대를 이해하는 노력을 해야 합니다. 노력이 필요한 이유는 관계가 늘 긴장과 갈등을 동반하고 다니기 때문입니다. 세례 요한은 자신의 지식으로는 이해할 수 없는 예수님의 정체에 대해 제자를 보내 물었습니다. 니고데모는 밤에 예수님을 찾아와 거듭남에 대해 진지하게 질문했습니다. 예수님은 제자들을 늘 관찰하고 그들을 이해하고, 수용하셨습니다. 찾아가는 것과 대화가 관계를 훨씬 부드럽게 만들어 줍니다.

어른들은 가지고 있는 지식이 굳어지기 쉬워 유연하게 사람과 세상을 대하는 것이 어렵습니다. 그리고 정말 대화가 안 되는 까다로운 어른들도 있습니다. 그런 분들은 바꾸려고 하지 말고 받아들여야 합니다. 까다로운 어른들을 잘 섬기는 것도 순종의 한 부분이기 때문입니다. 그와 동시에 어른들의 인정을 받아야 합니다. 성실한 젊은이는 대부분의 어른들의 호감을 사며, 어른들도 그런 젊은이들과 대화하고 싶어합니다.

저에겐 초등학교 3학년인 딸이 있습니다. 아이의 생활을 살펴보면 어른들과의 대화가 필요한 때도 있습니다. 그러나 대부분의 아이들이 아주 가까운 어른들하고만 대화를 합니다. 예수님께서는 어려서 성전에 가셨을 때 많은 스승들과 대화를 나누셨으며, 바쁜 중에도 어린아이들을 부르시고 머리에 손을 얹어 축복하셨습니다. 가끔 나의 딸이 낯 모르는 여러 어른들과 이야기하는 것을 상상해보곤 합니다. 예쁜 아이가 길을 가는 것을 보면 가던 걸음을 멈추고 그 아이를 위해 기도해 주시고, 다정하게 말도 걸어 주시길 부탁드립니다.

김형곤 · C.C.C. 자료실 대표간사

"누가 나를 불러요"

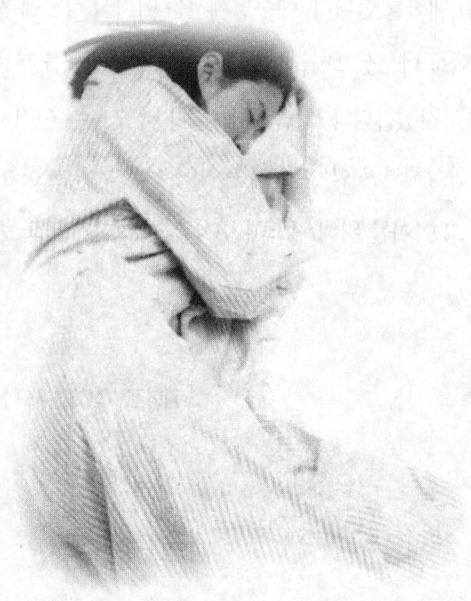

Q "가끔 자는 중에 가위에 눌리곤 합니다. 그리고 나면 정상적인 상태로 돌아온 후에도 기분이 매우 안 좋고, 혹시 다음 번에는 다시 못 돌아오면 어쩌나 하는 생각에 불안해서 잠도 잘 오지 않습니다. 주위에는 같이 기도 하다가 환청을 듣거나 아예 정신을 잃는 친구들도 있는데, 그럴 때는 어떻게 도와줘야 할지 막막합니다."

A　오늘 질문은 가위눌림, 환청, 정신 잃음 등과 같이 개인적으로 경험하게 되거나 리트릿, 집회, 기도 중에 나타날 수 있는 정신적 현상에 관한 것들이군요. 사실 이런 질문은 아무에게나 하지 못하는, 용기가 필요한 질문인데 이렇게 지면을 통해 물어 주신 분의 용기와 솔직함에 오히려 제 자신이 격려를 받고, 또 감사를 드립니다. 왜냐하면 자매님의 문제는 곧 나의 문제, 우리 모두의 문제가 될 수 있으니까요.

자매님께서 맨 먼저 궁금해 하신 점이 바로 잠자는 중의 가위눌림 현상이군요. 먼저 알려드리고 싶은 것은 가위눌림이란 많은 경우 매우 정상적인 사람에게서도 가끔 나타날 수 있다는 사실입니다. 너무 피곤하거나, 때로 너무 지쳐 있을 때도 이런 일이 생기는 경우를 의사들은 자주 듣고 보게 됩니다. 그리고 대체적으로 이런 현상은 일종의 수면장애의 하나로서 자매님께서 걱정하셨듯이 정상적인 상태로 다시 못 돌아오는 그런 증세이거나 생명의 위험이 뒤따르는 증상이 아니고, 건강에 별 지장이 없는 현상이라는 것을 알려 드리고 싶군요.

그리고 기도 시간에 일어날 수 있는 눌림들에 대해 이야기해 보죠. 우선 우리가 집회나 리트릿과 같은 특별한 상황에 대해 먼저 이해하는 것이 순서에 맞을 것 같습니다. 우리 모두가 경험하는 바이지만, 이런 집회에서는 뭔가 특별한 것을 기대하게 되고 강열한 소망이라든가 간절한 바램, 그리고 어떤 중대한 결단이라든가 결정 등의 분위기가 그 집회의 목적이나 방향과 어울려 강한 집단적 분위기를 만들게 됩니다.

그리고 우리 인간의 정신 내부를 들여다보면 정도의 차이는 있지만 모두 긍정적인 부분과 부정적인 부분이 함께 어우러져 있습니다. 거기엔 실망이라든가 미움이라든가 원망이나 분노와 같은 부정적 감정과 경험이 있고, 또 만족, 사랑, 평안, 기쁨 등과 같은 긍정적 감정과 경험도 공존하게 됩니다.

특별히 이런 강렬한 집단적 분위기 속에서는 그 분위기가 주도하는 힘 때문에, 또는 자신이 기대하고 있는 강한 기대, 또는 갈등이 있다면 그 갈등 때문에 자신을 제어하고 조절하던 평소의 힘은 약해지고 내적으로 잠재해 있던 부정적 감정이나 이미지 등이 더욱 강한 힘을 얻게 되는 것은 당연한 귀결이라고 볼 수 있겠죠. 이러한 내면 깊숙이 있던 부정적 요소들이 수면 위로 올라와 평소에 전혀 볼 수 없던 형체를 나타내게 되는 것이 바로 환청이나 정신 잃음 등의 현상이라고 말할 수 있습니다.

그렇다면 주위에서 이런 상황이 발생할 때 우리가 해야 되는 일은 무엇일까요? 첫째는 무엇보다도 그 사람의 인격을 존중해 주는 것입니다. 둘째는 지금 극도의 혼란에 빠져 있는 형제나 자매를 위해 최대한 영적, 정신적 안정을 꾀하는 것입니다. 말하자면 대체로 부정적인 감정이나 이미지로 고통 당하고 있는 당사자를 위로하고 격려하거나, 잠시 안정할 수 있도록 최대한 배려하고 돕는 것입니다. 조용한 장소로 옮긴다든지, 또는 당황하거나 놀라지 않고, 차분하고 자신감 있는 태도로 그를 위해 기도하거나 말씀을 들려 주는 것도 좋습니다. 심한 경우엔 전문가의 도움이 필요할 수도 있습니다.

    중요한 것은 그 일 이후 그 사람을 관리하는 일입니다. 주님과의 인격적인 관계가 유지되도록 돕고, 그를 사랑하고 그에게 관심을 보여주는 것은 진정한 교제와 양육의 책임 있는 태도라고 할 수 있겠지요. 또 한 가지 예방할 수 있는 방법으로 집회 전에 심한 정신적 갈등이나 문제가 있는 지체를 주의깊게 살피고 돕는다든지 필요한 경우 참석을 미루게 하는 것을 고려할 수도 있겠습니다.

송경의 · 광주 기독병원 신경정신과 과장, 광주C.C.C. 이사

"주여, 끊게 해 주시옵소서!"

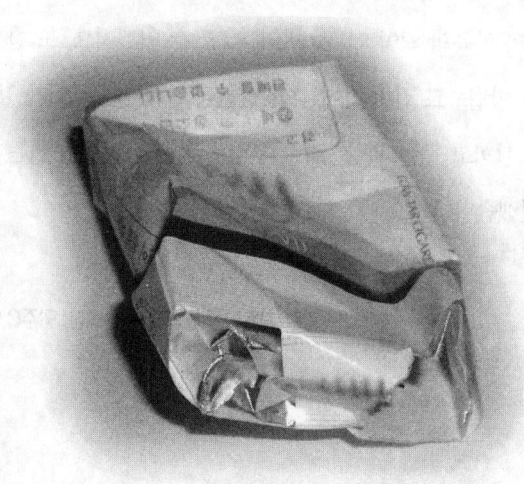

Q "크리스천이 된 지 일년이 넘었습니다. 원래 골초라 하루에 두 갑씩 담배를 피우곤 했는데, 이제 교회도 나가고 믿는 사람들과 교제하다보니 덕이 안 되는 것을 느낍니다. 하지만 담배를 끊는 것이 너무나 힘듭니다. 술은 이제 거의 마시지 않는데, 담배를 끊는 것은 아주 무거운 짐 같기만 합니다. 어떻게 해야 할까요?"

담배를 끊는 것은 참으로 어려운 일입니다. 더욱이 습관적으로 하루에 두 갑씩 피우던 것을 하루아침에 끊기란 더더욱 힘든 일이죠. 저 또한 예수 믿고 난 후에 오랫동안 피워 온 담배를 끊으려고 노력했기 때문에 그 마음을 이해할 수 있을 것 같습니다.

우선 담배를 끊는 데는 동기가 중요합니다. 예전에 제 친구에게 예수 믿고 신앙생활을 할 것을 권했을 때, 친구는 저에게 "술과 담배를 많이 하는데 내가 어떻게 교회에 나가니! 나중에 술, 담배를 끊고 나면 한번 생각해 보지."라고 말했습니다. 이처럼 우리 사회 전반에 걸쳐 있는, 예수 믿고 교회 나가면 술과 담배를 하지 않는다는 통념 때문에 교회에 나가면서 술과 담배를 끊지 못할 때는 본인도 죄책감을 갖게 되고 또한 주변의 믿는 사람들도 이들을 정죄하는 것을 많이 보게 됩니다. 그러나 형제님이 이러한 사회적 통념이라든지, 의무감이나 다른 사람들 때문에 억지로 담배를 끊으려고 한다면 더욱더 어려워질 것입니다.

이렇게 생각해 보십시오. 형제님은 예수 믿고 구원받은 하나님의 자녀로 새롭게 태어난 것입니다. "그런즉 누구든지 그리스도 안에 있으면 새로운 피조물이라 이전 것은 지나갔으니 보라 새 것이 되었도다"(고후 5:17). 그리고 이제 하나님의 자녀가 되었기 때문에 무엇보다 중요한 것은 하나님의 말씀을 통해서 성장하는 것이지요. "갓난아이들같이 순전하고 신령한 젖(하나님의 말씀)을 사모하라 이는 이로 말미암아 너희로 구원에 이르도록 자라게 하려 함이라"(벧전 2:2).

하나님의 말씀으로 인하여 형제님의 신앙이 성장하게 되면 가치가 전도되어 변화된 삶을 살게 될 것입니다. 하나님의 말씀에 순종하면서 자연스럽게 이전의 잘못된 습관들을 버리게 되고 새로운 사람으로 지어져 가게 되는 것이지요. "너희는 유혹의 욕심을 따라 썩어져 가는 구습을 좇는 옛사람을 벗어버리고 오직 심령으로 새롭게 되어 하나님을 따라 의와 진리의 거룩함으로 지으심을 받은 새사람을 입으라"(엡 4:22~24).

예전에 담배 때문에 고민하는 신입생을 만난 적이 있습니다. 우연히 식당에서 점심식사 후에 담배를 피우고 나오는 것을 제가 발견하게 되었습니다. 그 형제는 당황해서 재빨리 담배를 감추었습니다. 그때 제가 정죄하기보다는 "감출 필요 없어."라며 감싸 주었더니, 그는 담배 때문에 고민하는 자신의 마음을 제게 털어 놓았고, 함께 그 문제를 놓고 기도하며 하나님의 도우심을 구했습니다. 그 후에 형제는 순모임을 통해서 하나님의 말씀을 알아가며 성장하게 되었습니다. 하나님의 말씀에 자신의 몸이 '하나님의 성전'인 것과 하나님께서 '거룩한 삶'을 원하고 계심을 깨닫고 자연스럽게 담배를 끊고 변화된 모습으로 살아가게 되었습니다. "너희가 하나님의 성전인 것과 하나님의 성령이 너희 안에 거하시는 것을 알지 못하느뇨 누구든지 하나님의 성전을 더럽히면 하나님이 그 사람을 멸하시리라 하나님의 성전은 거룩하니 너희도 그러하니라"(고전 3:16~17).

하나님의 말씀을 가까이 하고 하나님의 말씀을 배우면서 형제님의 신앙이 성장하길 기도합니다. 또한 신앙이 성장하면서 하나님의 말씀으로 인하여 형제님이 깨끗한 행실과 거룩한 삶을 살아가게 될 것을 기대합니다.

"청년이 무엇으로 그 행실을 깨끗케 하리이까 주의 말씀을 따라 삼갈 것이니이다… 내가 주께 범죄치 아니하려 하여 주의 말씀을 내 마음에 두었나이다"(시 119:9, 11).

유대식 · 천안C.C.C. 대표간사

"내 몸 돌리도~"

Q 방학 동안 불규칙적인 생활을 계속 했습니다. 개강하면서 시간 관리도 잘 하고, 바쁜 순장의 삶도 살아야 하는데, 어떻게 하면 이전 사이클로 몸을 회복할 수 있을까요?

A 사랑하는 형제님의 고민은 새 학기를 맞이하는 모든 순장들, 심지어는 모든 대학생들의 고민을 대변하는 것이라 해도 과언이 아닐 것 같네요.

방학 동안 금식수련회, 순장수련회, 교회 수련회, 단기선교, 그리고 나름대로의 학과 공부 보충 등으로 의미 있는 시간이었으리라 생각합니다. 물론 학기 중일 때처럼 그렇게 규칙적인 생활은 아니었겠지요.

이제 새학기를 시작하면서 흐트러졌던 몸을 추스려 짜여진 스케줄을 따라 어떻게 하면 효과적으로 학과 공부와 사역들을 감당할 것인가 생각하며 준비하는 모습 자체가 주를 따르는 십자군다운 자세라 생각이 되어 보기에 기쁘고 소망이 됩니다.

첫째로 시간의 단위들을 잘 활용하라는 것입니다. 매달의 시작, 매주의 시작, 매일의 시작을 늘 새로 시작하는 마음으로 생활하는 것입니다. 대개의 경우 일주일 단위로 반복되는 생활이 많은 만큼 표준 주간 계획표를 작성하는 것이 기본입니다.

그리고 하루 표준 시간표에 따라 기상, QT, 식사, 등교, 일과 및 순모임, 취침 시간 등을 규칙적으로 배열하는 것이 중요합니다. 매달 초에 그 달의 중요한 일들을 점검하고 계획하는 것도 도움이 됩니다.

둘째로 하나님과의 교제의 시간(QT나 새벽기도회 등)을 규칙적으로 가지길 권합니다. 그것의 유익은 우선 생활의 리듬을 가장 효과적으로 회복할 수 있다는 것입니다. 그리고 모든 일의 규모가 형성되어 아무리 바빠도 산만하거나 혼란스럽지 않게 된다는 것입니다. 또한 자칫 프로그램과 스케

줄에 따라 타성적으로 지내면서도 마치 신앙 생활을 잘하고 있는 양 착각할 수 있는 우를 범하지 않고 순간순간 주의 뜻을 살펴 살 수 있다는 것입니다.

셋째로 일의 우선 순위를 잘 정하십시오. 바쁜 일들 때문에 중요한 일이 소홀히 되는 일이 없도록 해야 합니다. 요한 웨슬리는 뚜렷한 시간관리의 원칙을 가지고 있었는데, 그의 시간관리 원칙은 다음과 같았습니다. "부지런하라, 한가하게 있지 마라. 그러나 결코 쓸데없이 부지런하지 마라, 시간을 결코 허비하지 마라."

넷째로 적절한 휴식을 취하십시오. 노동도 명령이듯이 안식도 명령입니다. 우리 삶은 단거리 경주가 아니고 마라톤이기 때문입니다. 하나님도 천지창조 후 7일째 되는 날 쉬셨고, 예수님도 적절히 쉬셨고, 그러지 못하셨을 때는 배 고물을 베고 주무시기도 하셨습니다.

우리는 주님보다 더 능력 있지 않습니다. 주님은 말씀하십니다. "너희는 따로 한적한 곳에 와서 잠간 쉬어라"(막 6:31). 가장 좋은 휴식은 하나님과의 친교입니다.

다섯째, 성령 충만하십시오. 성령 충만은 승리하는 삶을 위한 선택이 아니라 필수인 것을 다 아실 것입니다. 복잡하고 바쁜 일과 가운데서도 올바른 동기, 즉 사람들에게 인정받거나 자신의 만족을 위한 것이 아니라 하나님을 사랑하는 동기로 되어질 때 우리의 일상 생활은 규모 있게 됩니다.

이 시간의 지혜로운 청지기가 되어 주 앞에 선한 열매를 가득 맺혀 드리고, 지금도 살아 계신 주의 손이 함께하심으로 나타나는 능력을 삶의 현장에서 체험하는 사랑하는 형제님이 되시길 기도드립니다.

최영택 · 김천신애정신병원 원장, 대구C.C.C. 이사

"대박의 꿈에 사로잡혀 있어요"

Q 어느 날, 친구와 함께 '혹시나' 하는 마음으로 복권을 구입했습니다. TV에서 연예인이 몇 억의 복권에 당첨됐다는 뉴스에 저에게도 행운이 따라주지 않을까 하는 기대감이 있었습니다. 그러다가 지금은 복권에 빠져서 헤어나오질 못하고 있습니다. 크리스천으로서 바른 행동인지 판단도 안 서고, 저는 어떻게 해야 하죠?

A 형제의 고민을 들으며 참으로 안타까움을 금할 길이 없습니다. '복권 중독'은 일종의 '도박 중독'으로 '도박'은 어떤 마약 못지 않게 한번 중독이 되고 나면 벗어나기가 여간 어렵지가 않습니다. 특히 '올림픽복권'이나 '주택복권'처럼 의미 있는 일의 기금 마련을 위한 목적이 아닌 일확천금의 동기로는 한 장이라도 복권을 사지 않는 것이 신앙인의 바른 자세라고 생각합니다.

도박에는 여러 종류가 있습니다. 특히 문제가 되는 '중독성 도박'은 말 그대로 스스로의 통제가 곤란할 정도로 집착하게 되는 도박을 말하며 일종의 정신질환입니다. 대부분 도박에 중독된 자는 일상에서 도박에 대한 상념을 떨치질 못합니다. 도박의 도구와 도박장의 상황, 도박에서의 승리 등을 끊임없이 연상하며 희열을 느끼기도 합니다. 결국 도박 중독자들은 다시 도박장을 찾아야 마음의 안정을 얻을 수 있다고 합니다. 일종의 충동조절장애라 할 수가 있습니다.

'복권'의 경우 사회가 많이 조장을 하고, 또한 혼자서도 쉽게 구입할 수 있기 때문에 별 죄책감 없이 단순한 호기심으로 시작을 해서 점차 집착하게 되는 경우가 많습니다. '복권 중독자'들의 특징은 현실 도피적이고 비관적인 성격인 경우가 많고, 정서적인 불안감을 극복하기 위하여 복권을 사게 되며, 사행심에 민감하여 일확천금의 꿈을 믿는 경우가 많습니다.

그러나 일생을 바꿀 만한 대박이 나에게 일어날 확률에 대해 어느 외국 학자는 "골프를 치다가 벼락을 맞은 사람이 응급실에서 방울뱀에 물려 죽을 가능성과 같다."고 했습니다. 또한 그렇게 얻어지는 돈은 대부분 귀하게 사용되지 못한다는 사실입니다.

'복권 중독'을 이기기 위해서는 우선 지금까지 복권을 통해 잃어버린 돈에 대해 집착하지 않기를 바랍니다. 즉 본전을 생각하지 말라는 것입니다. 중단하는 그 순간부터 번다는 사실입니다. 둘째로 복권을 통해 일확천금을 꿈꾸는 것은 구약시대 때의 바알 숭배에 해당되는 황금만능주의 사상으로 이것은 하나님께서 가장 싫어하시는 죄라는 사실을 기억하시고 죄를 고백하십시오. 셋째로 내 스스로는 절대로 극복할 수 없음을 인정하고 하나님의 도움을 구하십시오. 즉 성령 충만을 구하시기 바랍니다. 그래도 쉽지 않을 수가 있습니다. 그럴 때는 신뢰할 만한 기독 정신과의사와 상담을 하는 것을 권하고 싶습니다.

아무리 심각한 문제도 '신기한 상담자'(The Wonderful Councelor, 사 9:6)되신 주님께 아뢰면 해결될 수 있음을 기억하고, 꼭 극복하실 것을 기도합니다.

최영택 · 김천신애정신병원 원장, 대구C.C.C. 이사

"쳇바퀴에서 벗어나고 싶어요"

Q 교회에서 매년 임역원을 맡으면서 자꾸 반복된 일을 하다 보니 스스로도 발전이 없고, 뭐든지 적당히 하려는 매너리즘에 빠져 무기력해집니다. 어떻게 하면 좋을까요?

A 히포크라테스의 선서를 소중하게 간직했던 의사도 매일 찾아오는 수많은 환자들을 보면서 그저 치료라는 행위만을 할 수도 있는 것처럼, 처음에는 기대와 감격으로 시작했던 일들도 반복이라는 과정을 거치면서 매너리즘이라는 습관에 빠지게 됩니다.

저 역시 계속되는 상담 및 문의 전화를 받다 보면 어떤 때는 한 인격에 대한 사랑 없이 단지 반응만 하고 있는 저 자신을 발견하기도 합니다. 어떻게 하면 이런 반복되는 일상 가운데서도 주님의 부르심과 위탁하신 사명을 붙잡고 걸어갈 수 있을까요?

'이 세상을 정복할 수 있는 사람은 나 자신을 정복한 사람이다.' 라는 말은 참 옳은 것 같습니다. 자신과의 싸움에서 승리의 깃발을 꽂는 자만이 캠퍼스 사역에서, 가정과 직장 속에서 피묻은 십자가의 깃발을 흔들 수 있게 될 것입니다.

"무릇 지킬 만한 것보다 더욱 네 마음을 지키라"(잠 4:23). 이것은 간사님이나 곁에 있는 지체가 대신해 줄 수 없는 자신만의 몫입니다. 마음을 지키기 위해서는 생각의 문에 파수꾼을 세워야 합니다. 분별하고 점검하지 않으면 생각 속에 심겨진 거짓 진리가 우리를 넘어뜨리게 하는 암초가 될 수 있습니다. '반복되는 이 일이 무슨 의미가 있을까?', '시간만 뺏기는 것은 아닐까?', '내 미래는 보장되는 것일까?', '너무 힘들다. 왜 내가 꼭 이 일을 해야 하는가?' 하나님은 사역을 위해서 우리를 일회용품으로 이용하시는 분이 결단코 아니십니다. "집사의 직분을 잘한 자들은 아름다운 지위와 그리스도 예수 안에 있는 믿음에 큰 담력을 얻느니라"(딤전 3:13).

항상 동기를 살펴볼 필요가 있습니다. 예전에 한 사역자와 상담을 했습니다. 자신이 선교사로 살고 있는 진짜 동기가 무엇인지 알게 되었다고 했습니다. 그 분은 "내가 선교사라도 안하면 주님의 사랑에서 제외될까 봐 두려움이 있었다."라고 고백했습니다.

주님을 위해서라기보다 자신의 안정감을 위해 열심히 뛰고 있는 자신을 보게 된 것이지요. 이번 기회를 통해서 어떤 태도와 동기로 섬기고 있는지 점검해 보고, 속 사람의 숨은 동기를 새롭게 하는 기회가 되길 바랍니다.

"저가 주 앞에 큰 자가 되며…"(눅 1:15~16). 세례 요한은 사람 앞에 선지자로 나타나기 전에 먼저 주님 앞에서 큰 자가 되었다고 했습니다. 즉, 주님과 함께 견줄 만한, 이 세대를 향한 주님의 마음을 함께 나눌 수 있었던 신뢰할 만한 사람이었습니다. 하나님과의 관계를 놓쳐버리게 될 때 그것이 선교사이든, 목회자이든, 간사든, 임역원이든 어쩔 수 없는 권태로운 일상의 반복으로 전락해 버리고 맙니다.

"나는 포도나무요 너희는 가지니 저가 내 안에 내가 저 안에 있으면 이 사람은 과실을 많이 맺나니"(요 15:5). 그 분의 샘물을 구하고 찾는 자에게 주시는 하나님의 선물입니다.

권재남 · 청주C.C.C. 상담실 담당간사

제 2부

"평화의 가정 지킴이가 되고 싶어요"

"다른 지체들과 어울리고 싶어요"

Q 저는 현재 선교단체 활동을 하고 있는 여학생입니다. 1학년 때 과 친구들과 어울리지 못해 외로워하고 있을 때 과 선배인 선교단체 언니의 전도로 그 동아리에 들었습니다.

분명 그곳의 지체들은 과 사람들보다는 나았지만 소극적이고 사람을 두려워하는 제 성격 때문인지 같이 활발하게 어울린다거나 하는 것은 여전히 어렵습니다. 저도 다른 동기들처럼 지체들과 재미있게 지내고 싶은데 언제나 혼자인 저의 모습을 보게 됩니다. 어떻게 하면 좋을까요?

A 인간에게는 만남을 향한 그리움이 있습니다. 그런 면에서 세상에서 살아가는 것은 인간관계이며, 산다는 것은 만남의 연속이고, 생명이 있는 한 만남은 계속되고 좋은 관계가 필요합니다. 우리는 인간관계를 통하여 인격이 다듬어지고 성숙하며 서로의 관계 안에서 위로와 격려를 주고 받으며 살아가는 사회적인 존재입니다.

하나님은 인간을 창조하시되 사회 속에서 다른 사람들과 함께 살도록 만드셨습니다. 좋은 사람들과 즐겁게 어울리며 사는 사람은 분명 행복한 사람입니다. 사람들과의 좋은 관계는 하나님의 선물이며 그리스도 안에서 축복입니다. 다른 지체들과 어울리고 싶어하지만 사람을 두려워하는 소극적 성격으로 인해 혼자 지내시는 자매님에게 몇 가지를 권면해 드리고 싶습니다.

일반적으로 내성적인 성격은 어두운 가정 분위기에 영향을 받아 형성되는 경우가 많으며, 이로 인해 다른 사람과 비교하여 열등감을 갖게 되면 사람 만나는 것이 두렵게 됩니다. 심해지면 우울증에 빠지기도 하고 가정생활이나 사회생활에 큰 영향을 미치기도 합니다. 먼저 내적인 변화가 있을 때 외적 행동이 따라오게 됩니다. 긍정적인 자아상(Self-Image)을 확립하시기를 바랍니다. 부정적인 자아상을 가진 사람은 자신이 아무 것도 아닌 것처럼 느껴지며, 나는 할 수 없다고 자기의 기대를 포기합니다.

또 나아가 스스로를 미워하기까지 하여 새로운 사람과의 관계를 두려워하고, 자신에 대한 신뢰가 없기 때문에 다른 사람이 받아 주지 않으면 어떨까, 실패를 미리 생각하여 자기 생각을 다른 사람도 그렇게 생각할 것이라 추측하여 쉽게 포기하고 쉽게 상처를 받게 됩니다.

긍정적 자아상이란 자신을 객관적으로 평가하여 하나님의 형상대로 창조하셨다는 믿음 안에서 나의 나된 가치를 인정하여 자신의 장점과 약점에 대해 현실적으로 용납하며, 자신에 대해 좋은 감정을 갖고, 다른 사람들이 자신을 사랑하고 인정한다고 느끼는 것입니다.

지나치게 자신에 집착하면 자기 중심적이 되어 열등감과 비교의식이 생깁니다. 자기집착 하는 요인 가운데 가능한 것은 지금 고치기 시작하십시오. 습관이 제 2의 천성이라 바꾸기가 쉬운 것이 아니지만 의식적으로 바꾸면 바꿀 수도 있습니다. 비교하는 습관이 있다면 그 습관을 고치도록 해보고, 적극적이고 긍정적으로 생각하십시오. 똑같은 상황도 어떻게 생각하느냐에 따라 다르게 나타납니다.

좋은 대인관계는 자동적으로 일어나는 것이 아닙니다. 결심과 노력과 개방적인 대화 기술이 필요합니다. 좋은 관계는 꽃처럼 정성스럽게 가꾸어야 합니다. 대인관계는 인격이 다듬어지고 성숙되게 하는 하나님의 도구(잠 27:17)입니다. 사람은 관계 속에서 사랑을 먹고 사는 존재이므로 사람 속에 사는 것을 즐기는 법을 배우기를 바랍니다.

많은 사람들이 다른 사람에게 선물하기 위하여는 꽃다발을 사지만 자신을 위하여는 꽃을 사는 일이 없습니다. 이따금씩 저는 자신에게 선물하기 위하여 장미 한 송이를 삽니다. 자매도 자신을 사랑하는 마음으로 자신에게 장미 한 송이를 선물하시고, 그렇게 자신을 인정하는 마음으로 지체들과 즐겁고 보람된 관계를 맺길 원합니다.

최근세 · 필리핀 ISOT 졸업, 목포C.C.C. 대표간사

"사회는 어려워요"

Q 저는 올해 대학을 졸업한 초보 사회인입니다. 현재 인턴사원으로 일하고 있는데 선교단체에서 크리스천들만을 대하다가 새롭게 믿지 않는 자들을 대하는 것이 너무나 어렵습니다. 재학 시절 선교단체에서 훈련도 많이 받고 제멋대로였던 후배들도 인내로 키웠는데… 지금은 정말로 참을 수 없을 정도로 이해가 가지 않는 윗사람 때문에 자꾸만 불평을 하게 되고, 성령 충만한 모습을 잃어가고 있습니다. 매번 기도하고 회개하고 품으려 노력해도 잘 되지 않습니다. 아직 한 번도 그 분에게 화를 내거나 시킨 일을 하지 않은 적은 없지만 점점 자신이 없어집니다. 기도로 인내하고 있지만 두렵습니다. 도와주세요.

A '초보 사회인'으로 표현하셨듯이 어려움을 충분히 이해할 수 있습니다. 그런 면에서는 이제 온실 속에서 넓은 곳으로 범위가 넓혀져 있습니다. 먼저는 조직을 내 나름대로 이해하고 명찰해 나가는 것이 중요합니다. 여러 구성 인원들, 때론 내 상식으로 도저히 이해가 가지 않는 사람들. 그 속에서 우리가 살고 있습니다. 조직과 조직 가운데 구성원인 동료, 상사들을 이해해 나가는 과정이 필요합니다. 내가 그들을 바꾸든지, 아니면 내가 그들에게 맞추든지.

다음으로는 내 스스로를 직시할 수 있어야 합니다. '그럼에도 불구하고 난 다르다.'는 자기성찰이 중요합니다. 많은 사람들이 이러한 면에서 스스로 타협하거나 소외되어 일탈되는 결과를 빚게 되는 것이 상례입니다. 상황을 수용하면서도 그와는 차별화된 '나'를 만들어 나가는 과정이 중요합니다. 그 오리지널화가 중요한데 대부분의 사람들이 이에 실패하고 있습니다. 자기성찰을 통하여 나를 지키면서, 주변의 여건을 해석해 나가는 과정이 중요합니다.

겉으로 화를 내지는 않았다고 하셨으나 불평을 하고, 기도해도 잘 안 되는 현상은 이미 속으로는 화를 낸 것이고, 그러기에 자신감을 잃고, 성령 충만한 모습을 잃어 가고 있는 것 같습니다. 주님 앞에서 우리 스스로를 다시금 돌아보는 일이 중요합니다.

자기훈련 중에서 가장 중요한 것이 조직 내에서는 듣는 훈련입니다. 대부분 자기 말하는 것은 좋아하지만, 상대방의 말을 잘 경청하여 조직의 활

성화를 도모하는 일에는 소홀합니다. 상대방의 말과 뜻을 잘 들어주는 기술! 이것이 조직 가운데 우리가 만들어 나갈 수 있는 '배려의 정신'입니다. 위로 올라갈수록 더더욱 안 듣게 되는데, 이러한 심리를 잘 이해하는 것이 윗분을 설득할 수 있는 기술이 되기도 합니다. 당신이 어떻든지 나는 당신의 얘기를 경청하고 있다는 인상은 아주 중요한 일입니다. 우리 기독교인들은 말이 많은 사람들로 많이 회자되고 있기에 더더욱 그렇구요.

  마지막으로 여러 사람과 같이 말씀과 생활 속의 지혜를 나누고 추진해 나가라는 것입니다. 형제(자매)와 비슷한 여러 모델을 주변에서 발굴해 보시길 바랍니다. 그를 통하여 형제(자매)의 모습을 직시하시고, 하나님과 동행하는 삶을 설계하며, 형제 속에서 그리스도의 잃어버린 성품을 회복해 나갈 수 있는 기회로 활용하시기를 바랍니다. 여러 여건 속에서 주께서 세밀한 음성으로 인도해 주실 것입니다.

이선상 · 명지대 나사렛형제들, 삼성전자 홍보팀 부장

"불신 가정에서의 외로운 신앙생활"

Q 저는 불신 가정에서 혼자 신앙생활을 하고 있습니다. 그래서 부모님과 서로 다른 종교로 빚어지는 갈등이 심합니다. 교회에 갈 때, 여러 가지 훈련 프로그램에 참석할 때 자신있게 말씀드리지 못하고 때로는 거짓말을 하고 갈 때도 있습니다. 저의 신앙생활을 무조건 반대하시는 부모님을 어떻게 대해야 하는지, 또 어떻게 복음을 전해야 하는지 모르겠습니다.

A 저도 똑같은 갈등과 환경 속에서 신앙생활을 했습니다. 문제의 해결은 바로 믿음에 있었습니다. "네 부모를 주 안에서 공경하라." 하신 말씀을 붙들고 불신가정에서 승리하는 비결은 첫째, 믿음대로 사는 것입니다. 저는 어렸을 때 가부장적인 씨족사회였던 제주도에서 살았습니다. 그래서 교회에 갈 때마다 같은 골목에 사셨던 친척들이 어디 가느냐고 물으면 늘 놀러 간다며 거짓말을 해야 했던 강씨 집안의 장남이었습니다.

제사 때마다 우상숭배 문제로 고민하고 갈등하면서 추석 전날 한 간사님께 말씀드렸더니 "믿음대로 하세요."라고 짧게 답해 주셨습니다. 집으로 돌아와 잠을 청해 보아도, 다음 날 일어나도 역시 그 음성은 마음에서 떠나지 않았습니다.

그래서 부모님께 그리스도인의 양심상 도저히 절을 할 수 없다고 말씀을 드렸습니다. 그러자 부모님은 집을 나가라 하셨고 저는 집을 나왔다가 저녁에 다시 들어갔습니다. 왜 들어왔느냐며 화를 내시는 두 분께 저는 나가라고 하셨지 다시 들어오지 말라는 이야기는 안 하셔서 들어왔다며 그 날을 보냈습니다. 어렵게 지낸 추석이었는데 바로 며칠 뒤에 또 제사가 큰댁에서 있었습니다. 저는 다시 기도했고, 하나님은 피하지 말고 부딪치라는 말씀을 주셨습니다.

큰집에 도착한 저는 제삿상 앞에서 기도하기 시작했습니다. 담대하게 결단코 우상숭배는 할 수 없음을 선포하고 싶었습니다. 기도를 마치고 일어서는 저를 향해 식구들은 지독한 예수쟁이라며 손가락질을 했습니다.

그 날 이후 저는 모든 제사 때마다 그리스도인이라 불려졌고, 지속적인 갈등은 있었지만 분명히 살아계신 주님은 믿음으로 살기를 원하신다는 사실을 인정하며 승리할 수 있었습니다.

둘째, 부모님을 온유함으로 대하십시오. 제가 사역 때문에 집을 나설 때마다 부모님은 '거기 가면 밥이 나오냐? 대체 네 소망이 무엇이냐?'는 말로 저를 자극하시는데, 부모님께 어느 날 흥분된 목소리로 '제 소망은 천국 가는 겁니다.' 라고 날카롭게 응답했습니다. 그 날 이후 두 분은 '아비, 어미 놔 두고 너 혼자 천국가서 잘 살라.' 며 저를 괴롭게 하셨습니다. 그러던 중 베드로전서에서 "너희 속에 있는 소망에 대해 묻는 자에게 대답할 것을 준비하되 온유와 두려움으로 하고"라는 말씀을 묵상하며 부모님께 이 말씀을 들려 드렸습니다. 부모님과의 막힌 관계를 허무는 비결은 온유란 사실을 인정하며 관계를 회복해 나가십시오.

셋째, 어디서든지 항상 부모님을 위해 기도하십시오. 하루는 부모님과 그 동안 부족했던 대화를 나누던 중 저의 식사기도에 이야기의 초점이 맞추어졌고, 저 보고 한번 소리를 내서 기도해 보라고 하셨습니다. 다분히 장난기가 있었습니다. 저도 웃고 무시하려고 했지만 제 마음속에서 기도하라는 음성이 있었습니다.

그래서 순종하는 마음으로 두 분의 손을 잡고 기도하기 시작했습니다. 순식간에 잡힌 손을 빼려 해도 제가 강하게 잡고 있으니 어쩔 줄 몰라 하시며 제 기도를 들으시는 것이었습니다. 저는 간절하게 우리 가정과 부모님을 위해서 기도했습니다. 기도가 끝났을 때 두 분의 장난기는 사라지고 '아멘'으로 화답하며 아버지께서 "그 자식 기도 잘하네." 하며 쑥쓰러워 하셨습니다. 진실되고 간절한 기도는 역사하는 힘이 있습니다.

넷째, 미래의 청사진을 가지십시오. 현재의 시련과 핍박이 당신을 성장시키고 있다고 확신하십시오. 그리고 당신 옆에서 예배를 드리는 부모님을 생각하며 바로 오늘 부모님께 나아가십시오. 당신의 부모님을 사랑하시고 부모님을 위한 놀라운 계획을 가지고 계신 하나님의 도구가 되십시오.

강주석 · 김해C.C.C. 대표간사

"사랑하기 힘든 사람, 어떻게 용납해야 하나요?"

Q 저는 제가 좋아하지 않는 사람들을 사랑하고 받아들이기가 참 어렵습니다. 물론 제 자신도 완전하지 못하다는 것을 알지만 종종 밉살스럽게 행동하는 사람들을 보면 마음속에 조용히 분노와 미움이 일어납니다. 그리고 그들을 멀리하고 애써 무관심하려고 하지요.

어떻게 하면 만나는 사람들에게 좀더 친절하고 성실하게 대할 수 있을까요?

A 자매의 고민은 누구에게나 있는, 특히 크리스천이라면 예외없이 고민해 봤을 중요하고 보편적인 문제입니다. 저도 마흔이 넘도록 살아오면서 학교, 군대, 직장에서, 심지어는 신앙 공동체 안에서도 참으로 사랑스럽지 않은, 만나지 않았다면 좋을 것 같은 사람들을 꼭 한두 명씩은 만난 적이 있습니다. 그러한 일을 겪으면서 나름대로 터득한 것은 곱지 않고 나를 힘들게 하는 그 사람들은 바로 하나님께서 나를 더 성숙시키시고 연단하시기 위해 허락하신 '하나님의 훈련 조교'라는 것이었습니다. 나를 불편하게 하고 힘들게 하는 사람을 사랑하려고 할 때 생각해 봐야 할 몇 가지 원칙들을 살펴보겠습니다.

첫째, 문제가 상대방에게 있는지, 내게 있는지를 잘 분별해야 합니다. 물론 한쪽에 100퍼센트 문제가 있는 것은 아니고 대부분 상대적일 때가 많으나, 사랑하기 힘든 그 대상이 모든 사람을 힘들게 하는 사람인 경우도 있고, 유독 나만 특별히 불편을 느끼는 경우도 있기 때문입니다. 후자의 경우라면 자신 속에 있는 '전이 감정'을 살펴볼 필요가 있습니다.

전이 감정은 현실 속에서 어떤 사람을 대할 때 마치 무의식적으로 어린 시절 중요한 어떤 대상을 대하듯이 대하는 것을 말합니다. 즉, 아버지가 엄격하고 무서웠던 사람이 손윗 남자 어른을 대할 때 주눅이 드는 것과 같은 경우입니다. 내 속의 상처와 자신을 용납하지 못하는 부정적인 자아상들이 대인관계를 어렵게 할 수 있으므로 먼저 하나님의 사랑으로 나를 사랑하게 될 때 더 성숙한 대인관계를 기대할 수 있습니다(마 22:39).

둘째, 전자의 경우에는 사랑의 성질에 대해 잘 생각해 보아야 합니다. 꼭 그런 대상을 가까이 대하면서 웃고 고운 마음으로 대하는 것만이 사랑은 아닙니다. 너무 강박적으로 부담을 가지고 '사랑해야만 하는데…' 하면서 사랑스런 감정이 들지 않는다고 죄책감을 가질 필요는 없습니다. 사랑하고 용납하고 싶다는 소원, 즉 의지를 가지고 기도하면서 그 사람을 자연스럽게 대한다면 이미 그 사람을 사랑하기 시작한 것입니다. 그러면서 사랑의 본체이신 하나님의 도우심을 지속적으로 구해야 합니다(C.C.C.교재「믿음으로 사랑하는 방법」참조).

사랑에도 다양한 종류가 있음을 알아야 합니다. 부드러운 말과 태도로 대하는 것만이 사랑은 아닙니다. 사랑의 형태에는 책망과 징계도 있기 때문입니다(딤후 3:16). 경우에 따라서는 공간적, 정서적 거리를 다소 두는 것도 필요합니다.

셋째, 가까이에서 대해야 할 대상이라면 이런 속담도 한번 생각해 볼 수 있습니다. "미운 자식 떡 하나 더 준다." 기도로 뒷받침된 호의와 선심은 미운 대상을 곱게 만들 수도 있습니다.

넷째, 분노는 정상적인 우리 정서 중의 하나이므로 자신의 분노를 인정하고 긍정적으로 처리할 수 있도록 분노를 건전하게 표출하는 법을 배워야 합니다. 꾹 참고 있다가 폭발하는 것보다 적절히 표현하는 것이 더 건강합니다. 분노 표현의 원칙은 "노하기를 더디 하라."는 것과 '나' 표현법을 따르는 것입니다. 즉, "너는 왜 그 모양이냐?"라는 식의 표현보다 "네가 그렇게 하니 내가 이렇게 힘들다."는 식의 표현입니다.

 다섯째, 현재 완벽한 사랑의 마음이 내게 없다고 좌절하지 마십시오. 결국 우리는 평생을 두고 성화되어야 할 미숙한 존재이기 때문입니다. 우리는 모두 공사 중인 사람들입니다.

최영택 · 김천신애정신병원장, 대구C.C.C. 이사

"저는 질투심이 너무 많은 것 같습니다"

Q "친한 친구가 다른 친구와 웃으며 얘기하는 것만 봐도 질투가 나고, 또 여동생이 나보다 자기의 남자 친구한테 훨씬 더 잘 해 주는 것 같으면 샘이 나서 견딜 수가 없습니다. 좋아하는 순장님의 컴퓨터 화면에 예쁜 여자 연예인의 사진이 나온 걸 보고도 그렇고. 이런 제 자신이 정말로 한심하기 그지 없습니다. 제 안에 시샘이 너무나 많은가 봅니다.

요즘 하나님께 질투심을 없애 달라고 기도하는데 이것도 잘 하는 건지 모르겠습니다. 저처럼 질투심이 많다고 느끼는 경우 어떻게 해야 할까요?"

A 질투는 몇 가지 특징이 있습니다. 첫 번째, 질투는 최소한 두 사람이 관여될 때만 생길 수 있는 감정입니다. 우리가 각각 혼자서만 살아간다면 질투는 있을 수가 없습니다. 그래서 질투는 인간관계의 문제라고 할 수 있습니다.

두 번째, 질투하는 사람은 자신에게는 결여된 어떤 좋은 것이 질투의 대상이 되는 타인에게 있다는 것을 인식합니다. 다시 말하면 질투는 질투의 대상이 되는 그 사람에 비해 자신이 어떤 면에서 열등하다는 것을 자각할 때 생깁니다. 그래서 질투는 자존감, 혹은 열등감의 문제이기도 합니다.

세 번째, 질투하는 사람은 남에게만 있고 자신에게는 없는 그 무엇 때문에 시기심과 아울러 슬픔, 혹은 비통함을 경험하게 됩니다. 그러므로 질투가 성격의 주된 한 부분을 이룬다면 그 사람은 끊임없이 자신과 다른 사람을 비교하고, 열등감을 느끼며, 시기심과 슬픔이 혼합된 감정으로 고통을 당하게 됩니다. 크리스천이라면 여기다가 죄책감까지 곁들이게 되지요.

내가 중요하게 여기는 어떤 사람에게 가장 소중하고 사랑스러운 사람이 되고 싶고, 또 그것을 확인하고 싶은 것은 인간의 본성이라고 할 수 있습니다. 그러나 안타깝게도 이 소망은 이루어지기가 매우 어렵습니다.

어느 시점에서는 누군가가 나에게만 몰입하고 나만을 사랑하는 것이 가능할 것입니다. 우리 인생의 초기에, 그리고 이성과 사랑에 빠질 때 그러한 느낌이 생깁니다. 그러나 인생의 내적,외적 환경은 그 지순한 사랑을 오래도록 내버려 두지 않습니다. 함께 살아가는 동안 사소하나마 자꾸 실망감과 갈등이 생기게 되며, 나와 다른 면에서 사랑스러운 점을 가진 라이벌들이 등장하게 됩니다. 사랑은 마침내 담담하고 별것 아닌 일상이 되어버리거나, 질투가 가지는 파괴성 때문에 해체되어 버리기도 합니다.

질투의 고통은 나 자신이 세상의 중심이 되어야 하고, 항상 모든 면에서 사랑받아야만 한다는 우리의 원초적인 욕망, 혹은 나르시시즘에서 나오는 것입니다. 나는 세상의 중심이 아니며 세상 일이 내 뜻대로 되는 것이 아니라는 것, 그럼에도 불구하고 나는 꽤 괜찮은 사람이고 상당히 사랑스럽기도 하다는 것, 사랑스럽지 않은 면이 있더라도 괜찮다는 것을 인정할 수 있을 때에만 질투의 고통에서 다소 벗어날 수 있을 것입니다.

상대방이 나를 잘 알게 되면 내게서 사랑스럽지 않은 어떤 약점을 발견하게 되고, 그 결과 나를 거절하리라는 무의식적인 두려움을 가지고 있다면 그 사람의 사소한 행동에도 예민한 반응을 보이게 됩니다. 그런 상태에서는 나 외의 다른 사람에게 관심이나 호의를 보이는 것을 나에 대한 거절로 해석하기 쉽겠지요.

해결책은 두 가지입니다. 상대방을 나에게 꽁꽁 묶어 두고 절대로 곁눈

질을 못하도록 강요하는 방법과 그가 다른 사람에게도 호감을 가질 수 있으며 그 호감을 나눌 수도 있다는 것을 인정하는 방법입니다. 전자를 선택하는 것은 자신의 행복과 불행을 전적으로 상대방의 처분에 맡기는 것이고, 후자를 선택하는 것은 상당한 자존감이 뒷받침되어야 하므로 쉬운 일이 아니지만, 자신과 상대방을 자유롭게 하는 것입니다. 다만 부부 혹은 연인관계에서라면 이러한 자유에 상호 합의된 절제가 곁들여져야 하겠지요.

정남운 · 가톨릭대학교 심리학과 교수

"술 권하는 대학에서 어떻게 처신해야 할까요?"

Q 설레임으로 시작하게 된 대학 생활, 이곳 저곳 불려다니는 곳마다 술자리입니다. 선배들이 권하는 술잔을 거절하자니 예의가 아닌 것 같고, 모임에 아예 불참하는 것은 빛과 소금이 되는 크리스천의 자세가 아닌 것 같습니다. 어떻게 하는 것이 지혜로운 태도일까요?

A 부모의 과잉보호와 공부에 대한 지나친 간섭, 그리고 학교의 강한 통제 속에서 자기를 억제하며 보낸 고등학교 시절에 비해 새내기들의 대학 생활은 전혀 다릅니다. 대학은 낭만과 자율이라는 개방적인 환경에 아무런 통제가 없는 곳입니다. 두 달 만에 고교동창들이 모여 반창회를 가졌는데 술판이었죠. 3월이 되면 동창회, 반창회, 과단합대회, 환영회 등등 선후배들이 모여 캠퍼스는 술과의 전쟁이 시작되죠. 필자도 고등학교를 졸업하고 사회로 진출하면서 술과 관련되어 몇 차례 고통을 경험한 바가 있습니다. 술을 거부하는 나에게 아예 막걸리 주발을 일제히 들이부어 막걸리로 샤워를 해야 했습니다. 또 한번은 직장에 신입사원으로 입사하여 부산 광안리 횟집에서 회식할 때입니다. 직속상관인 대리, 과장, 부장, 실장이 차례대로 권하는 술을 4시간 동안 거부하며 버틴 경험이 있죠. 형제의 얘기를 들으니까 저의 경험이 새록새록 생각이 나네요. 과연 술자리에서 어떻게 하는 것이 크리스천의 바른 처신일까요?

다니엘은 왕이 먹던 고기와 마시던 술로 자기 자신을 더럽히지 않을 것을 결심하였습니다. 하나님은 다니엘을 칭찬하고, 금욕자인 그를 더 높은 지위로 나아가게 하셨습니다. 다니엘은 왕의 진미와 술을 먹지 않기로 결심하고 헌신함으로 승리할 수 있었습니다. 필자도 친구들로부터 진짜 예수쟁이로 인정받게 되었고, 직장에서도 신뢰할 수 있는 성실한 사람으로 인정받아 근무할 수 있게 되었습니다. 못 먹는 것이 아니라 먹지 않는 것이죠. 왜냐하면 예수를 주로 모신 내 몸은 성령의 전이므로 어떤 식으로든 더

럽히지 말아야 하기 때문입니다(고전 6:19). 술은 깨끗한 성도의 삶에 전혀 불필요하기 때문에 한 방울이라도 먹지 않는다는 분명한 기준을 세우시기 바랍니다.

우리 사회는 술을 강요하는 풍토가 있습니다. 억지로 먹여 골탕먹이고, 또는 술을 매개로 단합과 사교, 접대를 하고 스트레스를 풀고자 하는 분위기가 만연해 있죠. 술 분위기에 맞추지 못하면 왕따가 되곤 합니다. 술이 겁나서 모임에 나가지 않는 사람도 있죠. 그러면 사회에 적응하지 못하고 세상에 복음의 영향을 미칠 접촉점을 상실하게 됩니다. 우리는 하나님의 자녀이면서, 또한 세상 속에 살고 있습니다.

통상 모임에 가면 자기 소개를 하게 됩니다. 그때 "나는 예수 믿는 사람으로 술을 먹지 않기로 하나님과 약속을 했다."는 분명한 입장을 선포하는 것입니다. 저는 술잔이 돌아올 때 색깔이 비슷한 사이다를 마시기도 했습니다. 선배, 혹은 상관의 권위로 강요하는 술을 정면으로 거부할 때 고난이 있으나 이는 잠시 지나가는 소낙비에 불과합니다. 고난을 기뻐하시기 바랍니다. 장차 받을 영광은 현재의 고난과 비교할 수 없습니다(롬 8:18).

우리의 사명은 세상을 변화시키는 것입니다. 빛과 소금의 역할을 해야 할 곳이 바로 술판입니다. 내가 술판에 적응하고 세상으로 동화되는 것이 아닙니다. 그리스도인으로서 나의 생활은 하나님의 능력을 증거하는 산 증인입니다. 내가 만일 취하여 산다면 하나님의 은총과 선하심을 욕되게 하는 것이 되겠죠. 금주에 대한 분명한 기준을 가지고 고난을 두려워하지 맙시다.

  세상을 변화시킬 사명을 확인하고 캠퍼스의 술문화를 복음으로 변혁시키는 주역이 되길 기도합니다.

정경호 · 춘천C.C.C. 대표간사

"가난 콤플렉스"

Q "저는 어려운 집안 형편 때문에 용돈은커녕 생활비조차 넉넉지 않아 다른 친구들처럼 옷을 사거나 후배들 밥을 사 주는 일 등이 부담스럽습니다. 이런 제 모습이 부끄럽고 가정환경이 좋은 친구들이 부럽기만 합니다. 어떻게 하면 저의 이런 열등감을 극복할 수 있을까요?"

아름다운 새 생명의 생기와 향기가 세상을 가득 채워 대자연과 함께 호흡하며 활기찬 새 생활을 즐기고 만끽할 봄입니다. 그러나 기대와 흥분 속에 맞은 새 천년의 새 학기는 우리의 발걸음을 무겁게 하고 있습니다. 경제가 IMF 이후 회복되는 듯하다가 다시 어려움을 겪고 있기 때문입니다. 특히 외지에서 학교를 다니면서 동료 친구들과도 어울려야 하는 형제 자매들에게는 더욱 어려움이 많으리라 생각됩니다. 그러나 개인과 가정과 환경이 어렵더라도 실망하고 낙심해서는 안 됩니다. 고난 당하신 주님께서 고난의 환경을 축복과 은혜의 환경으로 변화시켜 주시기 때문입니다.

아름다운 꿈을 키우기 위해서는 작은 일에 최선을 다하는 지혜가 필요합니다. 대부분의 사람들이 큰 일에는 많은 관심을 쏟으면서 작은 일에는 관심이 없는 듯합니다. "자신이 하찮은 일들을 하기에는 너무 중요한 존재라고 생각하는 사람은 어쩌면 중요한 일들을 하기에는 너무 하찮은 존재인지도 모른다."라는 누군가의 말을 가슴에 새겨 보아야 하겠습니다. 주님께서도 "네가 작은 일에 충성하였으매 내가 많은 것으로 네게 맡기리니 네 주인의 즐거움에 참예할지어다."(마 25:21) 라고 하셨습니다.

요즘 대부분의 젊은이들은 단번에 평생직업에 정착하겠다는 기대를 하고 있습니다. 그러나 만일 처음 만나게 되는 직업(아르바이트 포함)이 도덕적 원칙에 위배되지 않는다면 그 일에도 역시 최선을 다해야 할 것입니다. 주어진 작은 일을 성의껏 감당해 낸다면 고용주들은 더 이상적인 직책을 맡길 계획을 세울 것입니다. 소중한 꿈을 가꾸어 목표를 달성하기 위해서는 전심전력을 다하는 신념이 필요합니다.

만일 가정 환경이 어려워서 좌절감이나 열등감에 사로잡혀 있다면, 보다 더 어려운 환경과 조건에도 불굴의 투지를 가지고 난관을 극복했던 신념의 사람들에게서 용기와 교훈을 얻을 수 있을 것입니다. 아브라함 링컨은 시골 통나무집에서 가난하게 성장했음에도 불구하고 미국 제16대 대통령이 되었고, 밀턴은 실명했음에도 불구하고 실락원을 썼으며, 베토벤은 귀가 먹었음에도 불구하고 명곡을 작곡했고, 헬렌 켈러는 삼중고에도 불구하고 위대한 교육자이자 연설가가 되었습니다. 그리고 요셉은 종으로 팔려갔음에도 불구하고 꿈과 믿음으로 애굽의 총리가 되었습니다. 실로 극복하기 어려운 한계를 가졌던 많은 사람들이 자신의 목표를 이루었습니다. 자매님도 현재 가지고 있는 모든 문제에도 불구하고 주님이 허락하신 아름다운 꿈의 목표를 달성할 수 있습니다.

자매님은 하나님이 택하여 부르신 존귀한 존재입니다. 그러므로 잠시 주변 환경의 어려움으로 원하는 것들을 마음껏 누리지 못하더라도 다른 친구들과 비교해 열등 의식에 사로잡혀 있을 필요는 없습니다. 자매님은 결코 다른 어떤 사람에 비하여 열등한 존재가 아닙니다. 창조주 하나님께서는 우리들 한사람 한사람을 유일무이한 존재로 창조하셨기 때문입니다.

예수 그리스도께서 부유하신 자로서 가난하게 되심은 그의 가난함을 인하여 우리를 부유케 하려 하심이라고 하셨습니다(고후 8:9). 예수님께서 자매님과 가족들의 저주와 가난을 십자가 위에서 다 청산하셨으니 하나님을 섬기고 경외하는 자에게는 영혼이 잘 됨같이 범사가 잘 되고 강건하고 생명을 얻되 풍성히 얻는 축복이 늘 함께 하십니다. 가장 아름다운 계절, 5월을 맞아 어려운 환경에서도 꿈을 가지고 활기차게 일어서는 자매님이 되시길 바랍니다.

변학환 · 신흥대학 영어통역학과 교수, 신흥대학 교무지원처장

"비밀이에요! 쳐다보지 마세요"

Q "저는 어려서부터 눈이 너무 작다는 말을 자주 들어왔습니다. 그것 때문에 남 앞에 얼굴을 드러내는 것이 늘 자신 없었죠. 그래서 콤플렉스를 극복하기 위해 고민 끝에 쌍꺼풀 수술을 했습니다.

그런데 제 자격지심인지, 함께 사역하는 형제, 자매들의 시선이 좀 따갑습니다. 어떤 형제는 지체들에게 덕이 안 된다는 말까지 했다고 합니다. 수술한 것이 후회되기도 하고 지체들 보기도 부담스럽습니다."

A 한 조사에 의하면 '성형 수술을 받은 대부분의 환자들은 자신의 신체에서 부족한 부분을 교정하여 자신감을 갖고 사회 생활을 영위하는 데 있어서, 보다 많은 것을 얻고 성취하려는 적극적이고 현실적인 사람들'이라고 합니다. 성형수술을 하는 사람들이 부정적이고 도피적인 사람들이 아니라는 사실입니다.

또한 하나님께서는 외모를 사용하시기도 합니다. 어느 단기선교 때 아름답게 생긴 한국 자매를 따라와 예수님을 영접했다는 외국인의 이야기도 있습니다. 또한 아름답게 보이려고 하는 것이 인간의 욕구라는 것도 부인할 수 없습니다.

그러나 성형수술을 받은 모든 사람이 만족하지는 않습니다. 때로는 후유증이나 부작용 등 더 큰 문제가 발생하기도 합니다. 그렇기 때문에 반드시 이런 사항들을 미리 알아서 수술이 꼭 필요한가를 생각할 필요가 있습니다.

더군다나 크리스천들이 얻게 되는 특이한 후유증이나 부작용도 있습니다. 자매님처럼 성형수술 후에 종종 공동체 내의 형제, 자매들로부터 그리 달갑지 않은 시선들을 느끼게 되는 것입니다. 그런 시선들은 자신감 있는, 보다 나은 생활을 기대했던 사람들에게 상처와 스트레스가 되고, 오히려 자신감을 잃는 요인이 되기도 합니다.

많은 사람들이 예쁘면 모든 것이 용서된다고 말합니다. 너무나 아름다워서 눈을 뗄 수 없는 한 아가씨가 있습니다. 그런데 입에 담을 수 없을 만큼 거친 말을 하고, 표정도 일그러지고, 주위 사람들은 향해 욕을 한다면, 그녀는 정말 아름다운 여인일까요? 우리가 "예쁜 사람은 다 좋다."라는 식의 편견을 가지고 있는 것은 아닐까요?

반대로 일부 크리스천들은 '화장을 진하게 하면, 믿음이 별로 안 좋고, 수수하게 화장을 하면 믿음이 좋다' 라는 편견을 갖고 있기도 합니다. 혹시 외모로 모든 것을 판단하는 우리의 편견이 자매님같이 성형수술을 한 사람들에게 작용하는 것은 아닐까요? 성경은 이렇게 말합니다. "내가 참으로 하나님은 사람의 외모를 취하지 아니하시고, 각 나라 중 하나님을 경외하며 의를 행하는 사람은 하나님이 받으시는 줄 깨달았도다."(행 10:34~35) 화려하든 화려하지 않든, 꾸미든 꾸미지 않든 하나님의 관점으로 바라보아야 할 것입니다.

먼저 나 자신을 하나님의 관점으로 바라보십시오. 다른 사람의 눈치를 보게 되면 쉽게 상처를 받게 됩니다. 하나님은 다른 사람들이 흔히 그러듯 편견을 갖고 우리를 보시는 분이 아닙니다. 하나님은 우리를 있는 모습 그대로 사랑하시는 분입니다. 수술을 하든 안 하든 우리가 존재하는 그 모습 그대로를 사랑하십니다.

나아가 편견을 가지고 자매님을 바라보는 사람들을 하나님의 관점으로 바라보십시오. 다른 사람들의 비판을 걱정하기보다 하나님께만 집중하십시오. 예수님께서 우리를 사랑하셨던 것처럼 그들을 사랑으로 대한다면 자매님의 외모뿐 아니라 다른 부분에서도 아름다운 모습이 드러나게 될 것입니다. 자신을 비판하였던 사람들을 정죄하기보다는 그들을 위해서 기도하시기 바랍니다. 만약 주위의 형제, 자매들이 자매님의 외모에 계속해서 관심을 보인다면 그들이 하나님의 시각으로 자매님을 볼 수 있도록 기도하십시오. 사랑은 모든 허물을 덮는다고 하였습니다.

한정혜 · C.C.C. 운영관리부 전임간사

"깨끗한 돈만 벌고 싶어요"

Q "방학이 되어 다음 학기 등록금을 모으려고 아르바이트를 구했습니다. 일자리 구하기가 쉽지 않아 학교 앞 호프집에서 서빙을 하게 됐어요. 술 마시는 건 아니지만, 그곳에서 일하는 게 잘못된 일인 거 같아 마음이 편하지 않습니다. 돈은 꼭 필요한데 말이에요."

A 직업에는 귀천이 없습니다. 무슨 일이든 주님이 주신 건강함으로 열심히 일해서 소득을 얻는 것은 정당한 것이고, 감사한 일입니다. 우리는 취업하기 힘들고, 아르바이트 자리조차 치열한 경쟁을 거쳐 추첨으로 선발되는 시대를 살아가고 있습니다. 학업에 집중하거나 대학 생활의 낭만을 즐기기보다는 아르바이트를 먼저 생각해야만 하는 절박한 현실도 무시할 수는 없습니다.

대학생이 되어 자유롭게 아르바이트를 하고 싶어 막상 일할 자리를 찾아보면 마땅한 일거리가 없는 것도 사실입니다. 시간이 안 맞을 수도 있고, 일에 대한 보수가 생각보다 너무 적어서 못할 수도 있는 등 자신의 입맛에 딱 맞는 일거리를 좀처럼 찾기 어려울 것입니다.

그러나 현실이 이렇다 할지라도 크리스천이 별 생각 없이 술을 파는 카페에서 일을 하는 것은 결코 바람직한 모습이 아닙니다. 혹자는 '평생을 좌우하는 직업도 아니고, 젊은이들이 모이는 술집에서 하루에 몇 시간 정도 일하는 것이 무슨 잘못인가?' 라고 반문할 수도 있을 것입니다. 또 주위의 친구들 중에도 크리스천인데 이런 아르바이트를 하고 있는 사람들을 보면서 '쟤들은 하는데 나는 왜 안 되는가?' 라고 의문을 제기할 수도 있을 것입니다.

우리 주님은 노동을 통해 정당한 대가를 받는 것을 인정하시지만, 어떻게 해서 번 돈인지를 물으시는 분입니다. 잠언 16장 8절에 "적은 소득이 의를 겸하면 많은 소득이 불의를 겸한 것보다 나으니라."라고 기록되어 있습니다. 또, 동일하게 비유하기는 어렵지만 신명기 23장 18절에서는 "창기의 번 돈과 개 같은 자의 소득은 아무 서원하는 일로든지 네 하나님 여호와의 전에 가져오지 말라 이 둘은 다 네 하나님 여호와께 가증한 것임이니라."라고 하셨습니다.

우리는 왜 아르바이트를 통해 돈을 벌려고 하는지를 냉정하고 신중하게 생각해야 할 것입니다. 우리의 욕심에 따라 적은 시간 일하고 많이 벌려고 하는 건 아닌지, 혹은 편하게 일하고 손쉽게 돈을 벌려고 하는 건 아닌지, 아니면 집에서 받는 용돈이 부족해서 누구의 제재도 없이 자유롭게 돈을 써 보기 위해서 하려고 하는 것은 아닌지 등…. 하나님의 자녀로서 행복보다 더 중요한 것은 하나님 앞에서의 '성결'이라는 사실을 명심하여야 할 것입니다.

백 보, 천 보 양보해 정말 어쩔 수 없는 절박한 상황이라서, 또는 잘 모르는 상황에서 이런 일을 하게 되었다고 생각해 봅시다. 한편으로는 이해할 수도 있겠지만 달리 생각해 보면 정말 그곳에서 무슨 유익을 얻을 수 있겠습니까? 보는 것, 듣는 것, 흘러 나오는 음악, 나누는 대화…. 우리의 마음은 무엇을 보고, 듣고, 읽고, 누구와 함께 있느냐에 따라 영향을 받게 되어 있습니다.

주님은 돈이 필요 없다고 말씀하시지 않습니다. 다만 이 세상을, 그리고 돈을 사랑치 말라고 말씀하십니다(요일 2:15; 딤전 6:10). 하나님 앞에서 성결하고 공의롭게 정당한 노동을 통하여 대가를 받을 수 있는 일을 찾기 바랍니다.

　마지막으로 로마서 6장 14절에는 "너희 지체를 의(義)의 병기로 하나님께 드리라."라고 말씀하고 있습니다. 우리의 몸과 마음으로 주님의 영광을 드러내는 삶이 되어야 하겠습니다.

김기용 · 마창 경남C.C.C. 대표간사

"평화의 가정 지킴이가 되고 싶어요"

Q "저희 부모님은 싸움이 잦으십니다. 가정이 평안할 때가 없어요. 부모님께서는 서로 제가 당신 편이 되길 바라시기도 하고요. 사랑하는 부모님 사이에서 그 어느 편도 아닌 피스 메이커(peace maker)가 되고 싶습니다. 전 어떻게 해야 하나요?"

A 저 역시 예수님을 인격적으로 만났던 대학 시절에도 부모님의 다툼으로 인해 죽고 싶을 때가 있었습니다. 몇 날을 금식하면서 하나님께 떼를 쓰곤 했지요. 그만큼 절실함을 안고 있었습니다.

피스 메이커가 되고 싶은 것이 우리 모두의 소원입니다. 특히 가정에서는 더욱 그러하지요. 왜냐하면 예수님께서 우리에게 화목 대사가 되셨기 때문입니다. 영원한 생명을 주신 하나님께서는 이 땅에서 살면서도 행복하고 풍성한 삶을 약속하셨습니다(요 10:10).

먼저는 우리의 힘으로 두 분을 화해시킬 수 없음을 인정하며 주님께 두 분의 상황을 맡기는 것이 최우선입니다. 예수님만이 하실 수 있습니다. 우리가 믿음으로 기도하면 하나님께서 두 분의 마음을 여셔서 삶을 인도하실 것입니다. 그리고 가장 중요한 사실은 상담을 요청해 온 형제의 삶과 태도입니다.

첫째, 믿음 생활을 신실하게 함으로 하나님과의 관계를 깊고 풍성하게 하십시오. 사단은 자꾸만 다투시는 부모님만을 바라보게 함으로 낙심하게 만듭니다. 그때마다 말씀으로 약속하신 하나님을 바라보십시오(요 10:10; 사 43:1~2, 18~19; 렘 29:11~12; 고후 5:17).

하나님의 자녀로 택하셨고, 그 분의 계획 속에 풍성한 인생의 소망이 있고, 새로운 피조물인 형제에게 새로운 일을 시작하신 주님은 지금도 일하고 계십니다. 믿음 안에서 영성 있는 우리를 통해 부모님이 새롭게 변화될 수 있습니다. 하나님 안에서 하나님의 가치관으로 창조의식을 갖고 긍정적인 자아상을 확립하십시오.

둘째, 부모님을 있는 그대로 용납하십시오. 용서해야 할 일이 있다면 용서하십시오. 우리는 할 수 없지만, 믿음 안에서 예수 그리스도의 이름으로 하십시오. 왜 그러냐고 판단하지 마시고 불쌍히 여기십시오. 이런 환경을 인정하고 자신도 용납하십시오. 그리고 맡겨진 자신의 일을 성실히 하십시오. 하나님께서 무조건적인 사랑으로 사랑하시고 용납하셨기에 자녀인 우리도 부모님을 그렇게 해야 합니다. "네 부모를 공경하라."(엡 6:1~3)고 하셨습니다.

셋째, 다른 사람들과의 관계를 풍성하게 하십시오. 특히 이성과의 관계가 자연스럽도록 기도하십시오. 하나님께서는 다른 사람들과의 관계를 통해 감정을 나누고 배우면서 자라도록 하셨습니다.

부모님의 불화로 인해 올 수 있는 악영향은 부정적인 결혼관입니다. 저 역시 결혼에 대해 부정적이었고, 하고 싶지 않았습니다. 그러나 말씀 안에서 결혼에 대한 기대감을 주셨습니다.

사실 우리 주변에는 형제처럼 가정 불화로 인해 아파하고 슬퍼하는 지체들이 많이 있습니다. 기독교인 가정에도 많이 있습니다. 사단은 가정의 환경을 이용하여 갈등을 일으키고 혼란을 가져와 결국 가정을 파괴하려 합니다. 공격 대상의 가장 최우선이 가정입니다. 그런 가정의 자녀들은 탈선하고 무관심하게 살아가지만, 이렇게 적극적인 태도로 염려하며 상담하고 기도하는 형제를 가정 지킴이로 세우신 것에 감사합니다.

가정 지킴이는 노력, 열심, 수고가 아닌 하나님이 함께해 주시길 기대하는 사람입니다. 주님의 때에 부모님께서 변화되시리라 기대하십시오. 두 분을 사랑하고, 가정을 사랑하는 그 귀한 마음, 간절한 소원이 너무나 아름다워서 하나님께서 분명히 들어주실 것입니다.

김미숙 · 원주C.C.C. 신종곤 간사 사모

"다들 커닝하는데…"

Q 곧 시험이 다가옵니다. 학교 전체의 분위기는 당연히 커닝 문화에 휩쓸려 믿는 친구들도 마음이 흔들린다고 합니다. 물론 저도 그렇고요. 하물며 제 교회 친구는 커닝 경험이 있다고 했습니다. 저만 바보 같다는 생각이 드는데, 저는 어떻게 해야 할까요?

A 대학에서 시험시간에 커닝을 하면서도 양심의 가책을 느끼지 않을 뿐 아니라 대수롭지 않게 생각하는 것은 어제 오늘의 일이 아닙니다. 남들도 다 한다는 이유로 커닝 정도 가지고 뭘 그러느냐고 반박하기도 합니다.

시험에서 한 문제라도 더 맞혀 좋은 성적을 얻고 싶은 마음은 누구에게나 있습니다. 그래서 이런 대학의 문화 속에서 커닝하고 싶은 유혹도 받습니다.

서울 모 대학의 한 학생은 "강의실 벽, 의자, 교탁 등이 온통 커닝용 메모로 뒤덮여 있습니다. 시험 감독이 아니라 커닝 방조라 해도 과언이 아닙니다. 좀 더 강도 높은 시험 감독을 해 주십시오."라는 내용의 편지를 총장에게 보냈다고 합니다. 그 내용이 대학 신문에 공개되어 대책회의를 소집하고 교수들에게 시험 감독을 철저히 하도록 주문한 적도 있었습니다. 지성인의 전당인 대학에서 참 부끄러운 일입니다.

우리는 하나님 앞에 사는 사람임을 기억해야 합니다. 크리스천에게 '남들도 다 그런다.'는 전제만큼 위험하고 자신을 합리화하는 말도 없습니다. 정도(正道)는 정해져 있습니다. 신앙의 양심을 지키는 것입니다. 우리는 사람보다 하나님을 두려워하는 마음으로 살아야 합니다. 거룩하신 하나님은 우리의 삶이 거룩하길 원하십니다.

창세기 39장의 요셉의 삶이 그러했습니다. 상황은 사람을 드러내 줍니다. 보디발의 아내가 집에 아무도 보는 사람이 없을 때 동침하자는 유혹에 요셉은 이렇게 말했습니다. "내가 어찌 이 큰 악을 행하여 하나님께 득죄하리이까?" 요셉은 자신의 삶이 하나님 앞에서 사는 삶임을 알고 있었습니다. 친구들이 어떻게 하느냐보다 나와 함께하시는 하나님과 동행하는 마음으로 시험에 임하는 자세가 필요합니다.

성실하게 시험을 준비하고 공부하는 것이 중요합니다. 좋은 성적을 원한다면 평소에 노력해야 합니다. 시험 준비를 충실하게 하지 않으면 성적이 좋지 않게 나오는 것은 당연합니다. 심는 대로 거두는 것이 성경의 원리입니다. 학문에는 왕도가 없습니다. 공부를 하지 않으면 마음이 불안해지고 커닝하고 싶은 유혹을 받는 것은 당연합니다.

생활의 작은 모습 속에서 예수님의 향기를 드러내야 합니다. 제가 알고 있는 한 선배는 시험시간에 모두들 커닝하면서 시험을 보는데, 유일하게 맨 앞자리에 앉아서 정직하게 시험을 쳤습니다. 시험이 끝나고 과대표가 다가와 "우리 과 아이들은 다 커닝하는데 너는 왜 안 하니?"라고 물었습니다. 그 선배는 "나는 내 인생을 성적에 맡기는 것이 아니라 하나님께 맡긴다. 그래서 커닝하지 않는다."라고 자신 있게 대답했습니다. 며칠 후 그 과대표는 그 선배의 교회에 등록했습니다.

우리가 정직하고 성실하게 살아갈 때 크리스천으로서 영향력 있는 삶을 살 수 있습니다. 하나님께서는 우리가 주변의 친구들에게 예수님의 향기요, 예수님의 편지로 살게 하셨습니다.

시험 기간 하루하루 성령 충만하게 살고, 시험도 우리 삶에서 드리는 예배임을 기억하면서 예수님의 향기요, 편지로서의 삶을 멋지게 살아가는 대학 생활이 되시길 기대합니다.

김진 · 광주C.C.C. 전남대 담당간사

"제 안에 아직 어머니가 있는데…"

Q 어머니가 돌아가시고 5년 동안 홀로 우리를 키우셨던 아버지가 어느 날 새 장가를 가고 싶다면서 한 아주머니를 데려 오셨습니다. 아직 제 안에 어머니의 흔적이 남아 있는데, 도저히 그 아주머니를 새로이 받아들이기가 힘듭니다. 아니 분노가 끓어오릅니다. 어떻게 해야 할까요?

A 생각지 않은 아버지의 재혼으로 겪게 될 상실감과 공허감. 지금쯤 형제의 심정이 어떨지 충분히 이해가 가고도 남습니다. 받아들이고 싶지 않은 상황에서 통제력을 잃는 것, 형제 아닌 누구라도 그랬을 것입니다. 더군다나 가슴에 묻은 어머니의 흔적이 10년, 아니 100년인들 잊혀질 리 있겠습니까?

하지만 내가 분노한다고 해서 내 뜻대로 처리될 일도 아니며, 어차피 나의 삶과 아버지의 삶은 다른 것. 아무리 부자(父子)지간이라도 각기 가야 할 길이 따로 정해져 있다고 생각합니다. 따라서 문제를 객관화시켜 보면 형제에게 훨씬 더 도움이 되지 않을까 생각해 봅니다.

돌아가신 어머니와 조용히 마음의 대화를 시작해 보십시오. 어머니를 그리워하는 형제의 마음으로 보아 어머니가 형제에게만 아니라 남편(아버지)에게도 무척 잘했을 거란 생각이 듭니다. 그 어머니가 과연 남편이 홀로 남아 초라해지는 것을 결코 원하시지 않을 거란 생각은 해 보지 않으셨는지요? 아들의 입장에서는 싫더라도 어머니의 바람이 있다면 따르기가 쉬워질 것입니다.

일반적으로 아내가 먼저 죽으면 남편의 사망률이 60퍼센트나 높아진다고 합니다. 그만큼 아버지에게도 상실감이 크고 어머니의 빈자리가 컸을 것입니다. 그런데도 형제의 아버님은 아버지의 자리를 끝까지 잘 지켜 오셨다는 생각이 드네요. 그 분이 더 품위를 유지하고 좋은 아버지로 남기 위해 생의 위로자를 찾아 마음의 안식을 얻도록 도와 주는 것이야말로 가장 큰 효(孝)라고 할 수 있습니다.

성경은 음행의 연고로 각각 배우자를 두라고 하는데, 아버지가 상상하기조차 힘든 끔찍한 어떤 죄악에 버려지는 것을 형제도 원하지는 않을 거라 생각합니다. 오히려 아버지께 먼저 마음의 문을 열어 기회를 주지 못했음에 용서를 구해 보세요. 이런 일들을 통해 우리는 마음을 넓히는 일을 배우고 섬김을 익히며 가족간의 친밀감을 누릴 수 있지요.

이번 기회에 형제의 가족에 대한 분명한 신학적 입장도 정리될 수 있기를 바랍니다. 기독교 가정의 핵심은 가정 그 자체가 목적인 일이 없다는 사실입니다. 그러니까 천국에서는 장가가고 시집가는 일도 없습니다.

더 중요한 것은 우리 모두 하나님 나라의 시민이 되는 것입니다. 가정은 그런 점에서 우리를 하나님 나라의 시민으로 다듬어 주는 가정학교일 뿐입니다. 우리가 전통적인 가족관계에 매달려 하나님 나라를 향한 꿈이나 그분의 우리를 향한 생각을 저버리지 말아야지요. 힘들고 고통스럽더라도 아버지를 이해하는 마음을 통해 형제의 세계가 더 풍요로워지고 넓어지기를 바랍니다. 그리고 여전히 그런 아버지를 축복하는 축복자의 자리로 자신의 삶이 업그레이드 되기를 바랍니다.

송길원 · 기독교가정사역연구소 소장, 〈행복한 가정을 만드는 사람들〉 대표

제 3부

"제가 천국에 갈 수 있을까요?"

"기독교 세계관이 궁금해요"

Q 저는 크리스천으로 대학 1학년생입니다. 고등학교 때와는 달리 대학에 입학하면서 주변에 새롭게 접하게 되는 환경들이 가치관의 혼란을 주는 것 같습니다. 크리스천으로서 주변 세계를 바라볼 때 어떤 기준이 있어야겠다는 생각에 기독교 세계관에 대해 관심을 갖게 되었습니다. 사회, 현실, 역사를 바로 볼 수 있도록 기독교 세계관에 대해 알려 주십시오.

A 대학생이 되어 주변에서 새롭게 접하게 된 환경 속에서 가치관의 혼란을 겪고 있는 형제의 모습이 과거의 저의 모습과 같아서 더욱 친밀감이 느껴집니다.

이 문제는 형제만의 갈등이 아니라 대부분의 그리스도인들이 이 세상 속에서 겪고 있는 고민이고 과제라고 생각합니다. 이 세상에 만연되어 있는 대부분의 철학과 사상들이 하나님을 인정하지 않는 데서부터 출발하기에 경건한 그리스도인으로서 살고자 애쓰는 사람일수록 기독교적 세계관에 대한 정리가 시급하게 필요하다고 여겨집니다.

오늘도 세상은 눈에 보이는 것이 전부인 것처럼 우리들을 유혹합니다. 첫사람 아담도 보암직하고 먹음직했던 선악과를 먹으면 눈이 밝아져서 하나님처럼 되리라는 유혹에 넘어졌습니다. 하나님의 홍수심판 이후에 새로운 세대들이 바벨탑을 만들어 인간의 이름을 날리고 하나님처럼 되고자 했던 것 역시 인본주의적 세계관을 우리에게 보여 주고 있습니다.

인본주의자들은 지금도 인간이 역사의 주인이라고 생각하며 인간은 시간만 주어진다면 지상에 낙원을 만들 수가 있다고 생각합니다. 근본적으로 인간에게 죄란 없고, 이 땅의 모든 문제는 무지와 환경 탓인데 교육으로 이 모든 문제를 해결할 수 있다고 주장하고 있습니다. 그러나 이 모든 것은 거짓입니다. 그럴 듯해 보이지만 안목의 정욕이고 육신의 정욕이며 이생의 자랑일 뿐입니다.

그럼, 성경적인 세계관은 어떤 것일까요.

먼저 성경은 인간을 비롯해 온 우주가 하나님의 창조로 기원했고, 하나님이 정하신 본연의 목표와 의미를 가지고 그의 영광에 이르게 되는 하나님의 섭리 아래에 있다고 가르칩니다. 인간은 의와 지식과 거룩함을 소유하여 인격, 도덕성, 계발성 등을 갖게 되었고, 하나님의 창조세계를 책임있게 관리, 계발하여 하나님의 영광에 이르도록 하는 문화명령의 사명을 지고 모든 피조물을 대표해서 하나님 앞에 살게 되었습니다. 이것이 행위언약입니다.

그러나 인간은 그 본분을 다하지 않고 언약을 파기하였고, 그 결과 죄와 부패가 끼어들었으며, 온 창조세계도 그 대표를 따라서 오염, 왜곡되어 불협화음으로 가득찬 세상이 되었습니다. 그런데 하나님께서는 그의 아들의 죽음과 부활을 통하여 타락한 인간과 세상 속에서 죄와 적대감을 제거하고, 그의 은혜로운 관할과 다스림 가운데로 인도하시고, 본연의 목표와 완성에 이르도록 하십니다. 이것이 구속언약으로 은혜가 그 기초이며, 이 언약의 목표는 우리가 하나님의 아들들이 됨으로써 성취되어집니다.

죄로 오염되고 황폐된 인간성의 회복과 세계 구속은 그리스도의 구속을 통해서 이루어지고 재림으로 완성되며, 우리는 회개와 믿음으로 그리스도를 통해서 하나님 나라에 들어가는 것입니다. 그러므로 그리스도인들은 모든 것이 하나님의 뜻대로 존재하고 기능하며 이루어지도록 만들어야 합니다.

하나님의 은혜로운 다스림을 벗어나 하나님과 이간되고 왜곡과 불협화음으로 가득 찬 세계는 하나님께 돌아와야 합니다. 하나님께서는 자기가 창조하신 세계를 사랑하시어 구원하시기 위해 독생자를 주시기까지 하셨고, 이러한 구속과 회복을 위해서 자기 아들을 십자가에 죽게 하여 구원 사역을 이루셨습니다.

그러므로 우리는 이 하나님의 구원 사역에 참여한다는 선교적 견지를 가지고 적극적으로 사회 참여를 해야 합니다. 타락한 문화를 정복하여 거룩한 문화를 건설하고, 하나님의 나라와 뜻이 이루어지기를 적극적으로 구해야 합니다. 또한 타락한 사회의 구조적 모순과 악에 의해 고통 당하고 있는 우리의 이웃들을 섬기고 사랑해야 하며 적극적으로 구조악을 제거하려는 노력을 해야 합니다.

아무쪼록 형제가 가치관의 혼란을 겪는 단계에서 벗어나 거룩한 진리로 무장되어 대학가에서 하나님의 거룩한 뜻을 이루어드리는 하나님의 사람이 되시기를 기대합니다.

이종석 · 광주 전남C.C.C. 대표간사

"기독교인의 비윤리성에 대해 어떻게 이해해야 하나요?"

Q 저는 예수님을 영접한 지 얼마 안 되는 크리스천입니다. 기독교는 높은 윤리의식의 종교라는 생각을 가지고 있었는데 신문이며, 뉴스에 나오는 부정직하고 비윤리적인 사건에 종종 크리스천이 연루되어 있습니다. 저는 잘 이해할 수가 없습니다. 왜 성경 말씀대로 살아야 하는 그리스도인들이 그런 나쁜 짓을 저지르는지. 친구들은 말합니다. 기독교는 실패했다고. 기독교인들이 왜 그러냐고 묻는 친구들에게 뭐라고 대답해 줘야 할지 모르겠습니다.

A 최근 지도층에 있는 그리스도인들이 여러 사건과 비리들에 연루되어 사회에 큰 파장을 불러 일으키고 비난과 지탄의 대상이 되고 있는 현실이 너무나 가슴을 아프게 합니다. 아마 질문을 해 오신 형제님도 이에 대한 답답함으로 글을 보내지 않았나 생각합니다. 특히 믿음을 가진 지 얼마 되지 않는 분들의 경우 '기독교의 윤리적 수준이 이것밖에 되지 않는가?', '기독교인들의 정직성이 이 정도인가?' 더 나아가 '과연 기독교 신앙이 타당성이 있는가?' 등 믿음에 대한 회의로까지 이어질 수도 있겠다라는 생각을 해 봅니다.

그러나 이것을 기독교의 실패로까지 연결짓는 것은 큰 비약이라고 생각합니다. 사람이 가지고 있는 약점만을 보고서 그 사람 전체의 됨됨이를 판단해 버리는 것이 잘못이듯이, 윤리적인 문제로 어려움을 겪고 있는 한국 교회와 그리스도인들의 모습을 보고서 기독교의 실패로 연결짓는 것은 잘못입니다. 한국 그리스도인들이 가지고 있는 윤리적인 약점을 부인할 수 없지만, 보이지 않는 곳에서 드러나지 않게 열심으로 선을 행하고 사랑을 나누며 살아가는 그리스도인들의 존재를 부인할 수는 없습니다.

그러면 먼저 한국 교회와 그리스도인들이 직면해 있는 윤리적인 문제의 원인에 대해 생각해 봅시다. 전통적으로 한국 교회는 은혜와 복음을 많이 강조해 왔습니다. 반면에 그리스도인의 삶과 책임에 대해서는 별로 관심이 없었습니다. 하나님이 우리를 위해 하신 일과 또 앞으로 하실 일에 대해서는 말을 많이 해 왔으나 그러한 은혜를 입은 우리가 하나님과 이웃을 위해 어떻게 살아야 하는가에 대한 관심은 별로 없었다는 것입니다. 그 결과로 한국 기독교는 지난 30년 동안 큰 성장을 이룩했지만, 그 성장에 비해 한국 사회에 끼친 영향은 보잘것이 없었습니다.

그러나 성경 말씀은 은혜와 복음을 강조하는 동시에 그리스도인의 삶과 책임에 대해서도 강조하고 있습니다. 하나님이 예수 그리스도를 통해 우리를 위해 마련하신 구원의 길(롬 1~11장, 엡 1~3장, 골 1~2장)과 그 은혜를 입은 우리가 어떻게 살아야 마땅한가(롬 12장 이후, 엡 3장 이후, 골 3장 이후)에 대해 두 부분을 다 균형있게 말해 주고 있는 것입니다. 결국 한국 교회가 직면해 있는 윤리적 문제의 해결은 그리스도인들이 자신의 삶의 현장에서 어떻게 사는 것이 하나님과 이웃들 앞에서 말씀대로 올바르게 사는 것인가를 고민하고 실천하는 데서 비롯된다고 할 수 있습니다.

현재의 한국 교회와 그리스도인들이 윤리적으로 성숙하기 위해 가장 필요한 것은 무엇일까요? 우리가 도덕성이나 윤리성을 논할 때 가장 일차적이고 근본적인 것이 정직성입니다. 왜냐하면 한국인들에게 가장 부족한 윤리적 특성 가운데 하나가 정직이기 때문입니다.

최근에 그리스도인들이 연루된 많은 사건들도 어느 누구의 말도 믿을 수 없다는 데에서 그리스도인들의 비윤리성이 심각하게 부각된 것입니다.

하나님은 우리에게 진실할 것을 명하십니다. "거짓 입술은 여호와께 미움을 받아도 진실히 행하는 자는 그의 기뻐하심을 받느니라"(잠 12:22). 바울도 "빛의 열매는 모든 착함과 의로움과 진실함이다."(엡 4:8~9)라고 하였습니다. 그리스도인들이 윤리적인 문제로 비난과 지탄의 대상이 되는 현실이 가슴 아프지만, 그러나 이로 인해 한국 교회와 그리스도인들, 또 저와 질문을 해 오신 형제님에게도 자성의 계기가 되어서 정직성을 회복하며 윤리적으로 성숙을 이뤄 가는 계기가 되기를 바랍니다.

박남용 · C.C.C. 교육국장

"통신에 살고, 통신에 죽고"

Q 요즘 저는 거의 모든 시간을 컴퓨터 앞에서 보냅니다. 리포트도 컴퓨터로 작성하고, 생활에 필요한 거의 모든 자료들 역시 컴퓨터에서 찾습니다. 친구들과 놀 때도 컴퓨터 게임으로 내기를 걸고, 한번 시작하면 하루가 어떻게 가는지 모릅니다. 이번만 하고 그만 하자 하면서도 절제가 잘 안 됩니다. 이곳저곳 인터넷 사이트를 기웃거리는 것도 마찬가지입니다. 어떻게 해야 하는지 조언을 부탁드립니다.

A 다음과 같은 증상을 컴퓨터 중독(computer addiction), 인터넷 중독장애(internet addictive disorder), 혹은 사이버 중독(cyber addiction)이란 말로 표현합니다.

△집에 아이가 컴퓨터 게임에 몰두하면 어머니가 일을 시키기가 어렵다. △부인이 컴퓨터 중독에 걸리면 아이들을 챙기는 일이나 집안 일을 소홀히 하게 되고, 전화요금이 갑자기 많아진다. △저녁에 인터넷에 접속한 것 같았는데 새벽이 되도록 컴퓨터 앞에 앉아 있다. △학교나 직장에서 졸고 있다. △성적이 떨어지고 일의 능률이 저하된다. △인터넷 도박이나 음란 정보에 매달려 있다. △컴퓨터 앞에 앉아 있지 않으면 공허하거나 우울해지고 불안하다. △식사가 불규칙적이 되고, 친구나 가족과 멀어진다. △눈이 뻑뻑하고 어깨와 등에 통증이 온다.

20년 이상을 컴퓨터계통의 일을 하고 있는 필자 역시 하루에 세 시간 이상 컴퓨터 작업을 합니다. 그러나 컴퓨터와 인터넷에서 모든 자료를 찾거나 문제를 해결하려는 생각은 없습니다. 인터넷 장애로 이메일이나 웹을 접속할 수 없게 되면 하루 종일 다른 일이 손에 잡히질 않습니다. 이것은 지극히 당연한 현상입니다. 영업용 택시가 고장났을 때 고치기까지 노심초사하는 기사의 심정과 같은 것 아닐까요? 그리고 하루에 여섯 시간 이상을 컴퓨터에 매달려 사는 프로그래머들의 경우 컴퓨터 중독자일 가능성이 높을까요? 그렇지 않습니다. 문제는 직업과 별 상관없이 인터넷에서 어떤 보화를 캐내려는 강박관념입니다.

심지어 이혼에 이르게까지 만드는 중독 증세는 네티즌이 확대되면서 더욱 심각한 상황으로 발전합니다. 이것은 한때 유행병이었던 TV중독증처럼, 나만의 세계에서 TV라는 창을 통하여 세상을 보려고 하는 행동이 반복되다 보니 TV를 떠날 수 없게 되는 것과 마찬가지로 컴퓨터와 인터넷을 통하여 세상을 들여다보려는 습관이 몸에 배인 결과입니다.

그러나 다른 중독 증세와 마찬가지로 컴퓨터 중독 또한 치유가 가능합니다. 하버드 의대 교수로 컴퓨터 중독 서비스센터를 개설한 오잭(Orzack) 박사는 인지행동치료법이 효과적이라고 합니다. 이것은 환자로 하여금 문제점을 알게 하고 재발을 방지할 수 있는 요령을 습득하도록 가르치는 것을 말합니다.

만일 자신이 컴퓨터 중독이라고 생각될 경우 먼저 생각할 것은 "나는 무엇인가를 이루어 낼 능력이 있는 사람"이라는 자신감을 갖는 것이 중요합니다. 왜냐하면 세상의 어떤 일도 그 일에 전념하여 매달리지 않는 한 성공할 수 없었음을 역사가 말해 주고 있기 때문입니다. 그러므로 컴퓨터로 인하여 자신의 학업이나 일이 방해를 받는다면, 그리고 이러한 사실을 누구보다도 자신이 잘 알고 있다면 스스로 노력하는 것이 필요합니다.

이렇게 해 보십시오. 만일 주위에서 도와주는 사람이 없다면 하루에 컴퓨터 앞에 앉아 있는 시간을 확인해 보고 세 시간 이상이 되는 경우라면 이 시간을 의도적으로 줄여 보도록 하십시오. 컴퓨터에 알람을 설정하거나 알람 시계를 사용하여 세 시간 이하로 줄이려는 노력을 해 보고, 그것이 습관화되면 두 시간으로, 그리고 최종적으로 한 시간 이하로 줄이려는 노력을 해 보십시오. 이때 나타나는 불안을 해소하기 위해 조깅이나 에어로빅을 하여 땀을 흘려보거나 친한 친구들을 만나 잡담을 해 보십시오. 불안한 마음이 사라지거나 줄어들 것입니다.

    컴퓨터와 인터넷도 하나님이 주신 소중한 자원입니다. 무엇보다도 인터넷 바다 속에 중요한 정보가 많이 있지만 쓰레기도 많다는 생각을 하십시오. 여기에만 몰입하다가 들릴라의 무릎을 벗어나지 못한 삼손처럼 비참한 최후를 만나게 될 것을 상상해 보십시오.

유병국 · 충북대 나사렛형제들, 벤처 케어(Venture Care) 대표

"하나님의 뜻과 인도하심을 어떻게 알 수 있나요?"

Q 열심히 대학 생활을 하던 중 문득 신학의 길을 가야 하는 것은 아닌가 하는 생각이 들기도 하고, 다른 지체들은 선교사로 헌신하는 자리에 잘들 일어서곤 하는데 '나도 그래야 하는가?'라는 고민이 되기도 합니다. 그들은 무슨 특별한 하나님의 계시라도 받은 것일까요?

도대체 우리는 하나님의 뜻과 인도하심을 우리의 삶에서 어떻게 알 수 있는지 알고 싶습니다.

A대학 생활은 평생의 삶을 두고 중요한 선택의 기로에 설 수 있는 기간입니다. 진로나 인생에 있어 중대한 문제들 앞에서 늘 우리가 묻는 질문 중의 하나가 '이것이 하나님의 뜻인가?' 하는 것입니다. 아마도 믿는 사람들이라면 누구나 하나님의 뜻을 확인하고 싶을 것입니다.

첫째, 하나님은 당신을 위한 놀라운 계획을 가지고 계심을 알아야 합니다. 어떤 문제와 어려움 속에서도 오히려 주님은 "너희를 향한 나의 생각은 내가 아나니 재앙이 아니라 곧 평안이요 너희 장래에 소망을 주려 하는 생각이라."(렘 29:11)고 말씀합니다. 하나님은 우리를 최선의 길로, 장래의 소망의 길로 인도하시기 원하십니다.

둘째, 하나님의 뜻은 믿음으로 발견하는 것입니다. 잠언 3장 5, 6절을 보면 우리가 하나님을 온전히 믿고 의지하면 하나님이 우리를 인도하시겠다고 약속하고 있습니다. 우리의 명철(지식, 상식)을 의존하는 것이 아니라 그 약속을 신뢰하고 하나님의 뜻을 찾는 것입니다. 많은 사람들이 하나님을 위해 그들의 할 일을 결정하면서 감정이나 느낌을 의존합니다. 그러나 하나님의 뜻을 감정이나 육감으로 결정하는 것은 잘못입니다. 변화무쌍한 감정이 아니라 우리의 생애를 위한 최종적인 권위와 길잡이인 변함없는 성경을 통해, 그리고 하나님의 말씀과 어긋나지 않게 인도하시는 성령을 통해 인도받아야 합니다. 또한 성령 충만한 그리스도인들을 통해 하나님의 뜻을 발견할 수 있습니다. 그러므로 자신을 가장 잘 아는 자신의 멘토나 영적인 스승에게 지혜로운 조언을 구하시기 바랍니다. 가끔은 주어진 환경을 통해서 하나님의 뜻을 발견할 수 있습니다.

셋째, 성령의 내적인 평안과 우리 안에 소원을 두고 행하심을 경험해야 합니다. 디모데후서 1장 7절을 보면 "하나님이 우리에게 주신 것은 두려워하는 마음이 아니요 오직 능력과 사랑과 근신하는 마음이니"라고 말씀하십니다. 또한 빌립보서 2장 13절 "우리 안에서 행하시는 이는 하나님이시니 너희로 소원을 두고 행하게 하시나니" 라는 말씀은 하나님의 꿈에 우리의 꿈이 드려져야 한다는 말이지 내 꿈에 주님의 뜻이 맞추어진다는 말이 아닙니다. 그럼으로써 주님의 소원과 나의 소원이 일치할 수 있습니다. 이런 사람은 성령에 의해서 균형 잡힌 근신하는 마음을 가진 자, 즉 그리스도의 마음을 가진 자입니다.

마지막으로 무엇보다 현재 달란트와 하고 있는 사역의 열매들에서도 하나님의 인도하심을 확인할 수 있어야 합니다. 현재 맡은 사역 속에서 주님의 지상명령과 영적 승법번식가인 재생산의 삶, 순장으로 드려지는 것이 감격적이고 어떤 일보다 가치 있고 심령이 불일듯한 심정과 소원하는 마음을 지속적으로 주신다면 하나님의 부르심에 '예' 할 수 있을 것입니다. 그러나 단순한 마음뿐 목자의 심령이나 순원을 향한 사랑과 불쌍히 여기는 마음이 부족하다면 다시 기도해야 할 것입니다.

보통 우리의 문제는 하나님이 우리에게 원하시는 것이 무엇인지 모르는 데 있는 것이 아니라, 그의 뜻을 기꺼이 순종하려고 하지 않는 데 있습니다. 부르심을 받았다는 것은 근본적으로 당신의 삶 속에 주님께서 계속 인도하시는 것에 대해 순종하는 것을 의미합니다. 하나님은 그리스도인들이 자신들의 전 생애를 하나님께 드려 그의 이름을 영화롭게 하도록 하기 위하여 모든 그리스도인들을 부르고 계십니다. 하나님의 인도하심의 큰 감격과 은혜를 누리시기 바랍니다.

이관우 · 서울북동C.C.C. 대표간사

"하나님은 어떤 찬양을 받으실까요?"

Q 요즘 교회에서나 여러 집회에서 찬양의 열기가 뜨겁습니다. 때때로 눈을 감고 손을 높이 든 채 찬양하는 지체들을 보며 저의 모습을 바라봅니다. '감정적인 것은 아닐까? 멜로디가 좋아서는 아닐까?'라는 의심이 들거나 '어떻게 찬양하는 것이 진정으로 하나님을 찬양하는 것일까?'라는 생각이 듭니다. 하나님께서 받으시는 찬양은 어떤 찬양인지요?

하나님을 찬양하는 가장 대표적인 방법이 노래를 통해서 찬양하는 것이긴 하지만, 더 많은 찬양의 방법들이 있다는 사실을 간과하기 쉽습니다. 하나님의 말씀을 듣고 순종하는 것, 주님의 뜻대로 살고자 노력하는 것, 주님의 사랑을 실천하는 것, 잃어버린 한 영혼을 주님께 돌아오게 하는 것 등도 찬양의 방법입니다.

이러한 여러 가지 행위도 넓은 의미에서는 하나님을 기쁘시게 하는 일종의 찬양의 행위인 것입니다. 입술만이 아니라 우리의 삶으로 하나님을 찬양할 때 하나님께서 가장 기뻐하실 것입니다. 예수님께서 수가성 우물가의 여인에게 "하나님은 영이시니 예배하는 자가 신령과 진정으로 예배할지니라."(요 4:24)라고 말씀하셨습니다. 영이신 하나님을 찬양하려면 신령과 진정으로(in spirit and truth) 찬양해야 하는 것이지요.

하나님을 찬양하는 데 음악으로 해야 한다는 고정관념에 사로잡혀 있을 때 사람들은 왜 찬양을 하는지에 대해서는 잊어버린 채 어떻게 하면 멋있게 찬양할 수 있을지에 대해 몰두하곤 합니다. 아름다운 음악이 하나님을 더욱 효과적으로 찬양할 수 있도록 돕는 것은 분명한 사실입니다만, 가끔은 그 음악이 하나님을 찬양하는 데 방해가 되기도 합니다. 저희 같은 음악 사역자들은 귀가 예민해서 찬양할 때 사용되는 음악의 질이 낮을 때 마음이 잘 열리지 않는 경우가 많습니다. 소위 은혜를 못 받는다고들 하지요.

음악 하는 이들은 자신이 표현할 수 있는 최고의 음악으로 찬양할 수 있을 때 만족감을 느낍니다. 찬양 받으시는 분이 어떻게 받으시는가에 대해서보다 나의 만족을 위해서 찬양하게 되는 경우도 있습니다. 그러다 보면 악기와 장비를 의존하게 되는 경우가 많지요. 반대로 아름답고 웅장한 음악이 있을 때 내 마음속의 고백이나 내 삶의 질이 찬양하는 내용과는 거리가 먼데도 쉽게 음악적인 감흥에 빠져들곤 하는 것입니다.

어느 날, 다섯 살 된 저의 둘째 아들이 저에게 다가와 이렇게 말했습니다. "나는 아빠가 제일 멋있어요! 아빠가 제일 좋아요! 왜냐하면 아빠를 사랑하니까요!" 저는 아이를 품에 꼭 안아 주고 뽀뽀를 해 주었습니다. 그 날 제 아들이 할 수 있는 최고의 찬양을 저에게 하였습니다. 제 아들은 단순하지만 마음의 고백과 삶이 일치된 찬양을 저에게 돌렸습니다. 실제로 집에 돌아오면 제 아들은 서툰 몸짓으로 무엇이든 아빠를 도우려고 합니다. 때로는 방해가 되기도 하지만 그런 아이의 행동이 더욱 사랑스럽습니다.

하나님을 뜨겁게 사랑하는 사람들이 많이 모여서 찬양할 때 하나님의 임재가 강하게 느껴질 때도 많습니다. 그러나 삶의 일상 속에서 하나님의 치유하시는 손길과 간섭하심이 몸에 소름이 돋을 정도로 느껴질 때가 있습니다. 아름다운 음악도, 많은 군중도 없는 상황이지만 하나님의 임재를 만끽하면서 찬양을 올려 드릴 수 있습니다. 하나님께서 기뻐 받으시는 찬양은 마음의 고백과 삶이 일치할 때 드려지는 찬양입니다.

김성진 · C.C.C. 음악선교부 대표간사

"어떻게 이단에 효과적으로 대처할 수 있나요?"

Q 캠퍼스 벤치에 앉아 있다 보면, 자신을 장로교인이나 침례교인으로 위장하고 학생들을 찾아다니는 사람들을 만납니다. "성경에 대해 얘기 좀 합시다."며 접근해 오는 이들을 보면 "됐어요." 하면서 도망치듯 빠져나오곤 합니다. 분명한 기독교의 복음을 제시해 줘야 할 것 같은데 '혹시, 나도 이단에 미혹되는 것 아닐까?' 하며 대화 자체를 꺼리게 됩니다. 가까운 친구 중에도 이런 이단에 빠져 있는 친구가 있습니다.

어떻게 해야 기독교와 유사한 이단들에 효과적으로 대처하며, 이단에 미혹된 친구를 바른 길로 인도할 수 있을런지요?

A 무엇보다 복음에 대한 책임감과 이단에 미혹된 친구에 대한 형제의 깊은 신앙적 사랑에 고마움을 표합니다.

먼저 기독교 이단의 문제는 지금 우리 시대에만 일어나는 것이 아니라 초대 교회 때부터 항상 있어 왔던 일이며, 쉽게 해결될 수 있는 문제가 아님을 알아야 합니다. 그러기에 사랑의 사도였던 사도 요한도 진리를 떠나 성도들을 미혹하는 사람들에 대하여 그를 집에 들이지도 말고 인사도 말라고 교훈할 정도로 이단 문제에 대해서는 특별히 엄격했음을 볼 수 있습니다.

기독교 이단들의 특징 가운데 하나는 기독교 교리적 체계가 세워져 있지 못하면 누구든지 미혹될 수밖에 없을 정도로 위장에 뛰어나다는 것입니다. 심지어 어떤 캠퍼스에서는 기독학생회라는 이름으로 버젓이 이단이 활동하기도 하고, 종교단체로는 동아리 등록이 어려워지자 각종 취미 동아리로 등록하여 활동하기도 합니다.

그런데 이단들의 공통점 가운데 하나는 자기들만이 구원의 참 지식과 성령의 참 계시를 소유하고 있다고 주장하는 것입니다. 통일교나 JMS처럼 이원론적 혼합주의 종교운동도 초대교회 노스틱 이단의 한국적 유형이라 할 수 있을 것입니다. 지나친 반교회적 운동들은 자칫 이단화될 수 있는 위험성들을 가지고 있습니다. 보편적 교회로부터의 지나친 분리적 입장을 취하는 분파주의적 특징도 경계해야 할 것입니다.

이단에 미혹된 학생들의 말을 들어보면 본인이 교회에 오랫동안 다녔는데 교회에서는 전혀 사랑을 받지 못했으며 비로소 이곳에서 참사랑을 발견했다는 말을 하곤 합니다. 그리고 이제까지 체계적인 성경공부를 교회에서 하지 못했는데, 이곳에서 정말 이해하기 쉽고 체계적이며 논리적인 성경공부를 하게 되었다고 말하기도 합니다. 이 점은 한국 교회와 그리스도인들이 깊이 반성해야 할 점이 아닌가 합니다.

기독교 이단들에 대처하는 방법은 먼저는 기독교 진리에 대하여 성경적 체계를 세워야 하는데, 보편적으로 학생들의 경우 이단들과 변론하는 것이 바람직하지 않다고 생각합니다. 그보다 영적 지도자들의 도움을 받아 변론의 기회를 가질 것을 권합니다.

오래 전부터 교회연합운동을 하는 취지 가운데 대표적인 것으로 이단으로부터의 교회의 순수성 유지와 선교를 들 수 있습니다. 그러므로 이단에 대한 대처는 가능하면 연합운동을 통하여 범 교단적, 범 단체적 대처가 바람직하다고 생각합니다.

이미 이단에 미혹되어 있는 학생들을 도울 수 있는 방법은 무엇보다 그를 위해 기도하는 일입니다. 친구관계를 지속적으로 유지하면서 이전보다 더욱 그에게 관심을 가져 주고, 할 수 있으면 영적 지도자에게 소개해 주거나 C.C.C. 채플 같은 살아 있는 집회에 함께 참석함으로 그에게 인격적이고 바른 신앙을 접할 수 있는 기회를 만들어 주면 좋겠습니다.

　최근에 한 학기 동안 이단에 미혹되어 그곳에서 실시하고 있는 성경공부에 참여하던 한 자매가 C.C.C.에 연결되어 지금은 충성스러운 주님의 제자로 잘 자라가는 것을 보았습니다. 이단에 미혹된 친구를 지금과 같은 마음으로 끝까지 포기하지 말고 관심을 기울여 주고, 특히 생명력 있는 좋은 영적 집회에 함께 참여케 하여 주님이 그를 변화시켜 주시도록 해야 할 것입니다. 다시 한번 친구를 위해 마음 아파하는 형제의 마음에 주님께서 힘 주시도록 기도드립니다.

이종석 · 광주 전남 C.C.C. 대표간사

"길거리의 도인들을 어떻게 대해야 할까요?"

Q 전철을 기다리거나 길을 걷다 보면 "도에 대해서 들어 보셨습니까?"라며 다가오는 사람들이 있습니다. 처음에는 그냥 "관심 없다."며 피해버리곤 하는데, 집요하게 쫓아오는 경우가 많습니다. 기독교의 진리를 알고 있는 사람으로서 그냥 피해버리고 나면 웬지 께름칙한 마음이 듭니다.

어떤 친구들은 "저도 도에 대해 알고 있습니다. 그리스도에 대해서요."라고 농담처럼 슬쩍 넘어가는 경우도 있습니다. 과연 어떻게 하는 것이 이런 사람들에게 효과적으로 대처하는 것일까요?

A 자매님처럼 저도 서울의 광화문, 종로거리나 신촌, 강남을 걷다 보면 그런 사람들을 자주 만나게 됩니다. 우연히 눈이라도 마주치면 뭔가 기인이라도 만난 듯이 깜짝 놀라는 표정과 제스쳐를 보이며 "영이 참 맑으시네요."라며 접근하는 경우가 많습니다. 이렇게 처음엔 듣기 좋은 말로 시작해서 얘기가 조금 진행이 되면 가족이나 개인의 삶에 있을 수 있는 불행에 대해 언급하며, 우연히 조금이라도 맞으면 자신이 도통한 사람인 듯 사람들을 현혹하는 것을 봅니다. 다소 약한 모습을 보일라치면 사방으로 못 빠져 나가도록 몸으로 막기까지 하면서 얘기하기도 하지요.

이들 도인들은 호감 가는 말투와 기, 도, 주역, 관상, 사주와 같은 동양철학의 해박함으로, 또는 우리의 고민을 후련하게 해소시켜 줄 것 같은 기대감을 갖게 함으로 미끼를 던집니다. 어떤 이는 회관까지 이끌려 가기도 합니다. 그러면 그들은 세상사의 모든 고난과 질병이 조상신의 업보, 물질 숭상주의에서 비롯된 것이므로 억울한 조상신의 원혼을 풀어 주어야 한다며 대신 제사를 지내 준다고 그 자리에서 바로 돈을 내라고 요구합니다. 호주머니에 현금이 없으면 신용카드 사용도 권합니다. 그들은 바로 오늘이 길일이라고 얘기하는 것도 잊지 않습니다. 그들은 또한 사회의 부도덕함과 혼란은 종말의 징후이며 다가올 후천개벽시대에 도통하여 의통을 전수받기 위해 열심히 유공, 포덕, 수련에 힘써야 한다고 가르칩니다. 그들의 열심은 위의 두 가지 요인에 힘입은 것이라 볼 수 있겠지요. 이들의 해괴한 논리에 현혹되어 갖가지 방법을 동원하여 돈을 모아 헌납하고, 가족 몰래

금품을 들고 가출하기도 하며, 거리에 나와 자신을 대신해 돈을 바칠 사람들을 찾는 것이 도인들의 포덕행위로 간주되고 있는 것입니다.

그럼 이들을 대처하기 위해서는 어떻게 해야 할까요? 무엇보다도 거리의 도인들의 정체를 바로 아는 것과 함께 그리스도 안에서의 변화된 신분을 확신하는 것이 중요하다고 봅니다. 도인이라 자처하며 상대방을 꿰뚫는 것처럼 보이고 영적 위축감을 갖게 하지만, 그들의 논리는 귀에 걸면 귀걸이, 코에 걸면 코걸이 식의 거짓과 속임수 일변임을 알아야 합니다. 분명 자매는 하늘과 땅의 모든 권세를 가지신 예수 그리스도께서 자기의 목숨으로 사신 그 분의 소유입니다.

보통 시간이 없을 때는 많은 경우 무시하고 갈 길을 빠른 걸음으로 걸어가지요. 무관심을 표현하는 것입니다. 그러나 시간이 될 때 가끔은 그들에게 혐오감을 표시하기보다는 밝고 따뜻하게 그러나 단호하게 자신이 그리스도인임을 표현하기를 권합니다. 때로는 오히려 음료수를 사 주며 잃어버린 영혼에 대한 안타까움으로 그리스도의 사랑과 생명을 전하려는 시도를 해 보아도 좋을 것입니다. 그러나 논리로 그들을 이기려 해서는 좋은 결과를 가져올 수 없다는 것을 알아두는 것이 좋습니다.

자매가 안타까워하셨던 것처럼, 캠퍼스 사역을 하는 간사인 저로서도 이 같은 사이비종교와 이단의 극성맞은 전도의 열심을 보며 함께 안타까워합니다. 그리스도인들이 성경과 하나님에 대해 무지할 때, 하나님의 살았고 운동력 있는 말씀으로 제자화가 제대로 이루어지지 않을 때 속임과 거짓 가르침들이 세력을 얻습니다. 우리 자신이 바른 성경교사가 되어 이 세대를 말씀 안에 세우는 역할을 해야겠지요. 말씀과 성령과 기도의 능력으로 온전히 구비되어 캠퍼스의 영적 순결을 지켜가는 데 쓰임 받는 자매가 되기를 바랍니다.

안숙이 · 북한젖염소보내기운동본부 전임간사

"의지가 강한 사람이 되고 싶어요"

Q 요즘 아이들은 의지가 약하다는 말을 많이 합니다. 조금만 어렵거나 낯선 일을 만나면 쉽게 포기해 버리는 습성들을 볼 수 있지요. 한 해를 시작하거나 뭔가 계획을 세울 때 꿈에 부풀어 있지만 작심삼일이 되고 맙니다. 그래서 자포자기하는 경우가 많습니다. 어떻게 하면 의지를 강하게 할 수 있을까요?

A 한해를 시작할 때는 누구나 계획을 세우고 싶어합니다. 엄청난 열의를 가지고 무엇이든 이루어낼 수 있을 것 같은 기대감에 사로잡혀 계획을 세우지만 그 해의 마지막에 이르기까지 계획대로 꾸준하게 성취해 가는 사람은 많지 않습니다. '작심삼일' 이라는 말도 그래서 생겨난 것이겠지요.

이러한 사람들을 살펴보면 인생 전체를 통한 비전(vision)을 가지고 그것을 성취하기 위한 목표와 계획을 세우는 것이 아니라 그때그때 좋아 보이는 것을 따라 헤매고 다닙니다. 진지하고 충분한 동기 없이 쉽게 결정하고 시작하며, 이것저것 과다하게 계획을 세워 놓고 한 번에 이루어 보려다가 '내가 뭘 하겠다고…, 난 원래 그렇게 안 되는 사람인걸.' 하며 자포자기하고, 나중에는 아무 것도 성취하지 못한 것에 대해 적당한 변명거리를 늘어 놓습니다. 이런 일들이 반복되면서 자기 스스로 의지가 약한 사람이라고 결론을 내립니다.

어떤 계기로 인하여 자신이 놀랍게도 무엇인가 성취해 낼 수 있는(열매 맺는) 사람이라는 것을 발견하지 못한다면 평생 그렇게 살다가 인생을 마감하게 될 것입니다. 요한복음 15장에서 예수님께서는 열매 맺는 삶의 기쁨에 대하여 말씀해 주십니다. "너희가 나를 택한 것이 아니요 내가 너희를 택하여 세웠나니 이는 너희로 가서 과실을 맺게 하고 또 너희 과실이 항상 있게 하여 내 이름으로 아버지께 무엇을 구하든지 다 받게 하려 함이니라" (요 15:16).

그러면 어떻게 해야 의지가 강한 사람이 될 수 있을까요?

긍정적인 삶의 태도를 가지십시오. 긍정적인 태도로 삶을 대할 때 긍정적인 결과들이 생깁니다. 우리 능력의 근원이 예수님임을 안다면 자신을 긍정적인 눈으로 볼 수 있습니다. 자신을 어떻게 바라보느냐에 따라 우리의 능력은 사장될 수도 있고, 엄청나게 발휘될 수도 있을 것입니다.

목표를 분명히 하십시오. 연구 결과에 의하면 사람들의 약 95퍼센트는 자신의 인생 목표를 전혀 글로 적어 본 적이 없으며, 글로 적어 본 적이 있는 5퍼센트의 사람들은 95퍼센트가 자신의 목표를 성취했습니다.

시간을 계획하고 관리하십시오. "한 일도 없이 하루가 언제 어떻게 다 지나가 버렸는지 모르겠다."라고 말하지 않도록 하십시오. 시간관리를 습관화시키기 위해 자기 자신에게 시간을 투자하십시오.

우선 순위를 분명히 하십시오. 계획한 것들을 이루기 위해 포기해야 할 것들이 분명히 있을 것입니다. 그 꿈을 이루기 위해 드려야 할 희생(손해)을 기꺼이 감수하십시오.

성취한 후에 성장해 있는 자신의 모습을 기대하십시오. 도중에 포기하고 멈춰 있는 자신을 발견할 때에는 실망하지 말고 다시 시도하십시오. 어린 아이들은 걸음마의 실패에 좌절하고 인생을 비관하지 않습니다. 넘어진 것을 부끄러워하지 않고 다시 일어서는 것처럼 우리를 변화시키는 데 전능하신 하나님 앞에서 자신의 연약한 부분들을 새롭게 고쳐 나가는 믿음의 자세가 필요합니다.

서로 격려하고 힘을 줄 친구(동역자)를 얻으십시오. 작은 칭찬 한마디도 놀라운 충전 효과가 있습니다. 서로에게 칭찬과 격려를 아끼지 않으며, 가끔은 충고도 해 줄 친구가 되십시오.

　당신이 작은 일부터 하나씩 성취해 가는 것을 연습할 때 당신은 자신의 의지가 약하지 않다는 것을 발견하게 될 것입니다. 그리고 언젠가는 하나님을 위하여 위대한 일을 계획하고 성취해 가고 있는 자신을 발견하게 될 것입니다.

강춘석 · C.C.C. 인사부 대표간사

"제게 주신 은사가 무엇인지 알고 싶어요"

Q 성경에는 믿는 사람들에게 은사를 나눠 주셨다고 말씀하고 있습니다. 주위의 형제 자매들을 보면 각자 받은 은사들을 활용해서 다양하게 봉사하는 것을 볼 수가 있습니다. 하지만 저는 하나님이 제게 주신 은사가 아직 무엇인지 잘 모르겠습니다. 하나님이 제게 주신 은사를 알아야 진로도 준비하고, 적극적으로 살 수 있을 것 같은데 말입니다. 어떻게 해야 하나님이 제게 주신 은사를 알 수가 있을까요?

은사(恩賜, spiritual gift)란 '하나님이 은혜로 주신 선물'이라는 뜻입니다. 넓은 의미로 볼 때에 우리가 가지고 있는 것 중에서 하나님의 선물이 아닌 것은 하나도 없습니다. 구원, 영생, 성령, 믿음도 하나님이 은혜로 주신 선물이라는 점에서 은사의 한 부분입니다.

은사에는 일반은사와 특별은사가 있습니다. 일반은사는 각 사람의 재능으로서 신자나 불신자 모두에게 주어지는 능력입니다. 특별은사는 바울이 언급한 것처럼 지혜의 말씀, 지식의 말씀, 믿음, 능력 행함, 예언, 영 분별, 방언, 방언 통역 등과 같은 것입니다. 그 은사들은 세상속에서 개인의 유익만을 위하여 쓰라고 준 것이 아니라, 가르치고, 섬김으로 공동체의 덕을 세우는 데 사용하라고 주신 선물입니다.

오늘날 은사 확인을 위한 여러 내용들을 보면 하나님의 은사와는 상관없이 자신의 재능과 적성을 검사하는 경우가 많습니다. 사실, 예수를 믿지 않는 사람들도 천부적인 재능들이 있습니다. 그런데 하나님의 은사와 다른 점은 그 재능을 통하여 사람들을 기쁘게 할 수 있을지는 몰라도 하나님의 영광이나 사람의 영혼을 구원할 수는 없다는 점입니다.

또한 많은 은사를 가지고 있다고 반드시 훌륭한 인격의 소유자가 아니라는 사실입니다. 은사는 교회를 섬기고, 신앙생활을 위한 수단으로 하나님이 주신 영적인 다양한 재능이고 능력이지 인격은 아닙니다. 고린도 교회는 다양한 은사들을 소유하였으나, 분열되고 음행하는 미숙한 신자들이 많았습니다. 은사가 많은 신자라고 반드시 성숙한 신자가 아닐 수도 있습니다.

이제 하나님이 우리에게 주신 은사가 무엇이고, 어떻게 찾는가에 대하여 생각해 봅시다.

먼저는 내게 주신 은사가 무엇인가를 위하여 기도하는 것입니다. 기도는 믿는 자의 선택사항이 아니라 필수사항입니다. 믿는 자는 기도보다 성령보다 앞서지 말아야 합니다. 내가 하나님 앞에서 거듭났는가, 이미 발견된 은사들을 통하여 어떻게 하나님의 교회들을 섬기고 있는가, 이 은사들을 낭비하고 있지 않는가에 대한 기도가 있어야 합니다. 특별히 주어진 하나님의 은사를 잘 활용하기 위한 인격의 성숙을 위하여 기도해야 합니다.

둘째는 현재 자신에게 주어진 은사가 구체적으로 무엇인가를 확인하는 것입니다. 성경에 나오는 은사들(롬 12장, 고전 12장)을 적어 놓고 어느 은사가 나에게 가장 관심과 흥미를 끄는가를 보는 것입니다. 지금까지 신앙생활을 해 오면서 내게 흥미와 관심을 끄는 분야를 생각해 보고 적어 보십시오. 초. 중. 고등학교 때의 성적표들을 보아도 좋습니다. 내가 좋아하는 사람들을 살펴 보아도 좋습니다. 사람들은 본능적으로 자기가 좋아하는 사람들이나 관심있는 분야에 적극성을 띄기 때문입니다.

셋째는 하나님의 가능성을 믿어야 합니다. 나이가 들면 식성이 변하듯이 은사는 고정되는 것이 아니라 평생 변하는 것입니다. 성령은 필요한 상황과 환경에 따라서 다양한 은사를 선물로 주시고 개발하게 하신다는 사실을 믿는 것입니다. 자칫 잘못하면 은사 확인 검사를 통하여 자신의 은사가 어떤 것이라는 것을 확인하면 다른 부분에 대하여는 전혀 무관심해지는 경향이 있습니다. 그러나 자신의 인격적 성숙에 따라서 은사나 성품이 변할 수 있다는 사실을 알아야 합니다. 성령은 시기와 장소에 따라 잠재적이고 부차적인 은사들이 더욱 탁월하게 빛날 수도 있게 만드십니다.

이렇게 발견된 은사들을 토대로 거기에 합당한 직업을 택하고, 그 일을 하나님의 영광, 이웃과 교회의 유익, 자신의 성숙의 기회로 삼아야 합니다.

김우규 · 전주 전북C.C.C. 대표간사

"제가 천국에 갈 수 있을까요?"

Q 저는 오랫동안 교회를 다니면서 성경을 배워왔지만 요즘은 제 안에 정말 신앙이 있는지 의심스럽습니다. 원론적인 회의가 들다보니 기도나 성경 공부, 봉사에도 열정이 생기지 않고 답답하기만 합니다.

제 안에 예수님이 계시다는 확실한 믿음을 가지고 싶습니다. 어떻게 해야 할까요?

A 그 동안 교회에 다니며 신앙 생활을 하게 했던 요인이 무엇인지 살펴 보십시오. 언제부터 습관대로 다니고 있지는 않은지, 체면 때문에, 누구 때문에 다니고 있지는 않은지, 기도하는 마음으로 자신의 마음을 살펴보기 바랍니다. 그럼에도 특별히 마음에 집히는 부분이 없다면, 정말 그 분을 인격적으로 만나는 가운데 신앙 생활 하고 싶은 소원이 있는지 확인해 보는 것이 필요합니다.

그 분을 만나고 참다운 신앙 생활을 하고 싶은 나머지 마음이 앞서서 내가 믿어 보려고 애쓰고 있지 않는지 살펴볼 필요가 있습니다. "영접하는 자 곧 그 이름을 믿는 자들에게는 하나님의 자녀가 되는 권세를 주셨으니 이는 혈통으로나 육정으로나 사람의 뜻으로 나지 아니하고 오직 하나님께로서 난 자들이니라."(요 1:12~13)고 하셨습니다. 신앙의 혈통이 있는 집안이라 해도, 사람의 정욕으로도, 의지적인 노력으로도 되지 않는다고 분명히 말씀하고 계십니다.

만약 우리가 종교적인 분위기에서 자랐으며, 성경에 대해 배우고 아는 것만으로, 또 열심 있는 신앙생활로 구원을 받을 수 있다면 예수님 당시 대제사장, 서기관, 바리새인, 사두개인 같은 사람들은 모두 구원을 얻었을 것입니다.

믿음을 갖기 원한다면 주님의 은혜를 구하는 자세가 필요합니다.

"아무 것도 염려하지 말고 오직 모든 일에 기도와 간구로 너희 구할 것을 감사함으로 하나님께 아뢰라 그리하면 모든 지각에 뛰어난 하나님의 평강이 그리스도 예수 안에서 너희 마음과 생각을 지키시리라."(빌 4:6~7)고 하셨습니다. 혹 내가 그렇게 믿어 보려고 해도 믿음이 생기지 않는 것을 주님이 아신다면 실망하실 것이라고 생각하여 그렇지 않은 것처럼 감추려고 하지 마십시오. 주님은 위선과 외식을 싫어하시고 진실한 태도를 기뻐하십니다.

또한 '나에게 믿음이 생기지 않는 것은 주님이 나를 거부하시기 때문이 아닐까?' 라고 염려하지 마십시오. 이런 문제로 인하여 고민하고 있다는 것 자체가 주님이 인도하신다는 표인 것입니다. 그 분을 인격적으로 만나고 싶습니까? 그렇다면 그 분을 만나고 싶다는 소원을 진실하게 아뢰는 것, 그것이 우리가 할 수 있는 전부입니다. 요한계시록 3장 20절에서, "볼지어다 내가 문 밖에 서서 두드리노니 누구든지 내 음성을 듣고 문을 열면 내가 그에게로 들어가…"라고 하셨습니다. 우리 안에 들어오시는 것은 그 분이 하시는 일입니다.

성경은 영으로 기록된 말씀이기에 영으로 이해해야 합니다. 고린도전서 2장 14절에 보면, "육에 속한 사람은 하나님의 성령의 일을 받지 아니하나니 저희에게는 미련하게 보임이요 또 깨닫지도 못하나니 이런 일은 영적으로라야 분변함이니라."고 했습니다. 그러므로 기도하는 심정으로 계속해서 성경을 보게 될 때 "…믿음은 들음에서 나며 들음은 그리스도의 말씀으로 말미암았느니라."(롬 10:17)는 말씀의 능력을 경험하게 될 것입니다.

신실한 믿음의 친구나 신앙의 지도자에게 이런 문제를 내어놓고 조언을 구하며 중보기도를 요청하십시오. 기도의 삼겹줄은 끊어지지 않습니다.

최호영 · C.C.C. 학원제1국장

"사랑도 넘을 수 없는 벽이 있다"

Q "전부터 호감이 있었던 과 선배 오빠가 저를 좋아한다는 것을 알게 되었어요. 크리스천이 아니지만, 다정다감하고 너무 잘해 줘서 저도 어느새 좋아하게 되었구요. 가끔 만나서 영화도 보고 저녁도 먹는데, 순장님들과 간사님은 만나지 말라고 야단이세요. 이렇게 서로 좋아하는데, 헤어져야 하나요?"

A 남녀가 서로 좋아하고 가까워지는 것은 너무도 자연스러운 일입니다. 자매님이 선배 오빠와 서로 좋아하게 된 것은 축하할 일이지요. 하지만 두 사람이 일생을 함께하게 될 결혼을 생각한다면 좀 더 신중할 필요가 있다는 것이 인생 선배들의 한결 같은 지적입니다. 특히 신앙의 일치는 다른 어떤 부분보다 더욱 중요하다고 하지요. 일생을 함께하는 배우자와는 여러 가지로 조화를 이루어야 하는데, 신앙은 이 모든 것의 기초가 되기 때문입니다.

'신앙을 가진 자매를 사랑한다면, 그도 언젠가 신앙을 갖지 않겠는가?'라는 생각도 들겠지만, 신앙을 갖지 않은 친구와의 만남이 어려운 이유는 다음과 같습니다.

첫째, 불신자는 당신을 즐겁게 해 주기 위해 예수님께 대한 헌신을 가장할 수도 있습니다. 그렇게 되었을 경우, 결혼한 후에 본심을 들어낸다면 얼마나 고통스러울까요?

둘째, 결혼하면 쉽게 불신배우자를 결신시킬 수 있을 것 같지만, 현실은 그렇지 않습니다. 오히려 공개된 생활을 통해 믿는 사람에 대한 편견을 갖게 하고, 믿음에 이르는 길을 방해하기 쉽습니다. 자신 또한 영적으로 침체되어 믿음이 연약해지기 쉽습니다. 진정한 내면의 변화는 오직 성령의 역사로써만 가능한 전적으로 주권자의 영역임을 기억해야 합니다.

셋째, 결혼 자체가 너무나 귀하고 성스런 하나님의 뜻이고 목적이므로 결혼은 어떠한 수단이 될 수 없습니다. 성경에서는 전도하기 위해 결혼하라는 말씀을 하신 적이 없습니다. 도리어 경건한 가정을 이루어 경건한 유산을 후손에게 남기는 것이 하나님의 뜻입니다.

넷째, 2세를 낳고 양육하는 데 어려움을 각오해야 합니다. 태어나는 자녀를 양육하는 데 같은 목적을 가지고 자녀를 양육할 수 없습니다. 부모가 극히 다른 가치관을 갖고 있으면 자녀들이 혼란스러워하고, 심한 경우에는 정신분열증이 나타날 가능성도 높습니다.

그러므로 불신자와 결혼할 때에는 불신자 가정을 선교지 삼아 선교사로 가는 심정으로 결혼해야 합니다. 선교지를 복음화하기 위하여 수년 또는 수십 년 동안 남모르는 눈물과 사랑의 가슴앓이를 각오해야 합니다. 순장님들이나 간사님께서 신앙을 갖지 않은 사람과의 교제를 반대하는 이유도 거기에 있을 것입니다.

이러한 상황에서 자매님께 드리고 싶은 권면은 첫째, 사랑하는 사람이 영적인 눈을 뜰 수 있도록 기도하라는 것이며, 기회 있는 대로 전도하라는 것입니다. 물론 보다 나은 방법은 간사님이나 다른 형제가 전도해 줄 수 있으면 더욱 좋겠지요. 또 나아가서 다른 신앙 좋은 형제와 연결해서 성경공부를 할 수 있도록 도우면 좋겠네요.

둘째로, 자매님이 "난 오빠가 구원의 확신을 얻고 세례 받기 전까지는 결혼 못해요."라고 말할 수 있으면 좋겠어요. 만일 그 분이 그것을 거절한다면 할 수 없는 일이지요. 신앙을 부인하는데도 자주 만나다 보면 불신자와 감정적으로 어쩔 수 없는 관계가 자주 발생합니다. 이런 경우 영적으로 침체되면서 분별력이 떨어지게 되지요.

    그러나 선택권은 전적으로 자매님에게 있습니다. 자매님에게 하나님의 깊으신 지혜가 함께하시길, 그리고 주님이 원하시는 아름다운 만남을 이루시길 기도하겠습니다.

금병달 · 전 C.C.C. 가정선교원 원장, C.C.C. 미국 선교사

"철새처럼 교회 옮기기?"

Q 요즘엔 교회에 나가고 싶지 않습니다. 목사님의 말씀이 은혜가 안 되고, 교회 청년들의 삶이 세속적으로 치우쳐 있어서 저랑 맞지 않는 것 같아요. 그래서 교회를 옮기려고 하는데, 괜찮은 건가요?

A 무형 교회는 예수 그리스도를 머리로 하는 한 몸의 지체로 완전무결한 영적 공동체입니다(엡 1:23). 그러나 유형 교회(현실 교회)는 많은 문제를 내포하고 있고, 그 구성원인 성도들 또한 현실적인 어려움을 겪고 있는 것이 사실입니다.

다양한 교회, 다양한 교파, 다양한 교리와 한편으로는 기존의 질서와 권위를 정면으로 부정하는 종교다원주의 현상과 더불어 교회의 본질보다 기능적인 교회론이 강조되고 있는 실정입니다. 따라서 성도들은 교회의 운영 방식이나 목사의 설교가 자신에게 맞지 않으면 마찰을 빚기도 하고, 결국은 교회를 옮기는 사례들이 속출하고 있습니다. 그러다 보니 교회는 이런 이동 교인들을 정착시키기 위해 시설을 확충하고 프로그램을 개발하는 기능적인 면을 강조하게 됩니다. 그러나 이것은 바람직한 현상이라 볼 수 없습니다.

이동 교인이 속출하고 있는 현실에 대한 답은 간단합니다. 교회는 조건에 따라 옮겨서는 안 됩니다. 성경은 생활의 표준이며, 가치 판단의 기준입니다.

교회는 하나님께서 그리스도의 피로 이 땅에 세우신 초자연적인 제도입니다. 교회의 머리는 그리스도입니다(엡 1:23). 교회는 그리스도의 신부로서 정결하고 헌신적이어야 합니다(마 25:6; 계 19:7). 교회는 하나님의 지상 거주처로 성전입니다(고전 3:16; 6:19). 교회는 하나님과 만나는 새 예루살렘입니다(갈 4:26; 히 12:12; 계 21:2). 교회는 진리를 수호하고 파수하는 진리의 터와 기둥입니다(딤전 3:15). 교회는 세례를 받고 진정한 신앙을 고백하는 성도들의 집단입니다. 따라서 교회의 본질은 유·무형 교회를 인정하는 성도들의 영적 친교에 있습니다.

AD 248년, 카르타고의 감독 키프리안은 "교회밖에 구원이 없다, 교회를 어머니라 하지 않는 자는 하나님을 아버지라 부를 수 없다."라고 말했습니다. 구원을 내가 임의로 바꿀 수 없고, 어머니를 내가 싫다고 바꿀 수 없습니다. 이는 교회 중심의 절대신앙을 강조한 것이라 볼 수 있습니다.

지역 교회는 일정 기간 훈련받는 선교단체와는 달리 생활의 중심이 되어야 합니다. 사람들은 대부분의 시간을 직장과 집에서 보내게 됩니다. 바로 이곳이 나의 사역지가 됩니다. 직장 가까이 주거지를 정하고 일상생활이 이루어지는 곳에서 교회를 정하여 하나님을 섬기며 성도의 교제와 더불어 선교적 사역을 감당해야 합니다.

성경적 가르침에 따라 교회의 속성과 교회의 특성을 기준으로 나 자신을 바꾸는 것이 더 큰 유익이 됩니다. 피치 못할 사정(멀리 이사를 갈 때)으로 교회를 옮길 때에는 이명 절차를 따라 교회에 덕을 세워야 함이 마땅하다고 봅니다.

정경호 · 춘천C.C.C. 대표간사

"기독교를 비방하는 친구가 있어요"

Q 신문이나 방송에서, 혹은 길거리에서 기독교를 비방하는 것을 볼 때가 자주 있습니다. 특히 이단성이 짙은 곳의 잘못이 기독교 전체인 양 하는 것을 보면 분통이 터집니다. 며칠 전에는 과 친구가 제 앞에서 기독교를 비방하면서 예수님을 모욕하는 것을 들었습니다. 그런데 신앙의 연륜이 짧은 탓인지 뭐라고 대처할 수가 없었습니다. 어떻게 해야 할까요?

기독교는 성경에 계시된 창조주 하나님만을 경배합니다. 그러나 세상은 기독교를 여러 종교 중의 하나로 여기고, 하나님과 성경의 권위를 인정하지 않습니다. 그러므로 세상과 기독교 사이의 갈등은 피할 수 없는 필연이라 할 수 있습니다. 예수님도 그리스도를 따르는 자들이 세상에서 미움을 받을 것이라고 하셨습니다(요 15:18, 19).

가까운 친구나 언론 매체로부터 기독교는 종종 비방을 당합니다. 이럴 때에 그리스도인들은 일시적 분노, 체념, 무관심의 반응을 보이기 쉽습니다. 우리는 우선 기독교가 비난을 받는 이유를 깊이 생각해야 합니다. 그리스도를 따르기 때문에 당하는 핍박인가, 아니면 성경의 진리에 따라 살지 않음으로 사회의 지탄을 면할 수 없는 비도덕적 행위 때문에 당하는 자업자득인가를 깊이 성찰해야 합니다.

안타까운 것은 현재 직면하는 세상으로부터의 비난이 후자에서 비롯된다는 것입니다. 그리스도인들의 거룩한 삶의 갈망과 함께 현실에서 취할 수 있는 것은 무엇일까요?

이단들의 행태가 기성 교회의 모습인 양 보도된다든지, 부분적인 어두운 면이 전체 기독교의 모습인 것처럼 비추어질 때가 있습니다. 이때에 우리는 우리 자신의 모습을 성찰함과 동시에, 그런 보도 내용이 사실대로 정확하게 전달되는지 바르게 듣고 분석해야 합니다. 이런 보도로 인해 사건과 관련 없는 다수의 크리스천들의 인권이 침해당하고 있지는 않나 살펴보아야 합니다. 만약에 적절하지 못한 부분이 있다면 개인적으로나 공동으로 언론 매체에 이의를 제기하고, 더 심각한 것은 언론중재위원회를 통해 시정을 촉구할 수 있습니다.

무엇보다 황당한 것은 가까운 사람들로부터 당하는 일방적이고 근거 없는 기독교와 예수님에 대한 모독입니다. 이런 사람을 어떻게 대하는 것이 원수까지 사랑하라는 말씀에 따르는 것일까요? 그를 개인적으로 만나 그가 한 발언에 대해 어떤 의도로, 무엇에 근거해서 말했는지 확인할 필요가 있습니다. 그리고 그의 발언이 사실이 아니고, 거짓임을 성경에 근거해서 분명하게 알려 주어야 합니다. 그가 진지하게 반성한다면 복음을 전할 기회로 삼을 수 있습니다. 그러나 여전히 기독교와 예수님에 대해 비아냥거린다면 무서운 하나님의 진노를 피할 수 없음을 경고하고, 그의 회개와 구원을 위해 기도하지만 친구가 될 수 없음을 분명하게 전해야 합니다.

세상은 그리스도인의 삶을 통해 그리스도를 봅니다. 우리의 삶이 펼쳐진 성경이 될 때에, 비방하는 자들이 잠잠하게 될 것입니다.

윤철 · C.C.C. HR국장

"왜 이렇게 변화가 더딘 거죠?"

Q 저는 대학에 와서 많은 신앙의 훈련을 받았습니다. 지금도 받고 있고요. 하지만 마음의 갈등은 더욱 심해집니다. 믿음도 생겼고, 성경 공부도 열심히 하지만, 제 개인 생활과 마음의 상태는 예전과 별로 달라진 것이 없기 때문입니다. 무엇이 문제일까요?

A 형제님처럼 많은 사람들이 자신이 변화되지 않는 것에 대해서 안타까워하고 좌절합니다. 대학에 들어와 다른 학생들처럼 신앙 훈련에 시간을 낸다는 것은 쉽지 않은 일일 것입니다. 이런 대가를 지불했음에도 자기 안에 변화가 보이지 않을 때 참으로 괴롭겠지요.

형제님 자신에 대해 절망하는 부분이 어떤 것인지 구체적으로 알 수 없지만, 형제님이 자신에 대해 갖는 평가의 기준이 과연 바른 것인지를 먼저 생각하게 됩니다. 신앙 훈련은 아주 중요합니다. 하지만 그것이 때로는 하나님의 의도와는 아주 다른 지극히 인간적인 것으로 변형될 수가 있습니다. 하나님의 신앙 훈련과 인간의 신앙 훈련의 차이는 존재에 대한 평가인지, 행동에 대한 평가인지로 구별됩니다.

신앙 훈련을 시키는 집단이 행동의 변화로 그 사람의 성숙도를 평가하고, 집단이 요구하는 모습을 하나님이 원하는 모습이라고 믿게 만들어 버리면 그 훈련은 행동만을 변화시킬 뿐 속사람의 변화에는 아무런 도움을 주지 못합니다. 왜냐하면 행동, 즉 우리의 겉사람에게 초점이 맞추어져 있을 때 속사람이 보이지 않기 때문입니다. 그리고 그 행동하는 겉사람을 더욱 확실하게 '자신'이라고 믿고, 구체화시키며, 형상화시킵니다. 신앙의 외적 행동에 초점을 맞추는 훈련의 실패자는 죄책감과 훈련에 대한 거부감, 그리고 자신의 존재 자체에 대한 열등감으로 이어지고, 훈련이 제시하는 기준에 도달하는 것이 평생 신앙의 목적이 되어 버립니다. 그렇다면 성공자는 어떨까요?

집단이 제시하는 기준만큼 성공하게 되면 스스로는 만족하겠지만, 진정한 자신을 보는 출구는 영원히 막혀 버릴 수 있습니다. 단지 행동하는 자신만을 봅니다. 그 행동하는 자신은 사실 죄인이 아닙니다. 주님의 십자가가 진정으로 필요하지 않는 허상의 자신이 만들어져 버립니다. 주님과의 관계는 항상 피상적인 것에서 멈춥니다. 자기로서 자기를 판단하는 자에게 바랄 것이 없다고 성경은 말합니다. 베드로전서 3장은 "너희 단장을 외모로 하지 말고 오직 마음에 숨은 사람을 온유하고 안정한 심령의 썩지 아니할 것으로 하라."고 명령하십니다.

형제님이 정말 변화되고 싶다면 '이것 못해서, 저것 못해서' 라는 자신을 괴롭히는 행동을 그치고, 진정으로 자신이 변해야 할 것이 무엇인지 기도해 보십시오. 다른 사람처럼, 어느 집단이 요구하는 자신이 되려 하지 말고 하나님이 만드신 진정한 자신이 되려 하십시오. 마음에 숨은 사람이 있음을 인정하고, 속사람의 말에 귀기울이십시오. 속사람의 문제점을 들어보고, 그 문제점을 해결하기 위해 하나님께 지혜를 구하십시오.

남에게 보여 주고, 남에게 인정받고 싶은 동기에서 벗어나 하나님이 만드신 유일하고 진정한 자신이 되고자 하는 것, 이것만이 영원으로 이어지는 진정한 성숙과 변화의 출발입니다.

김선화 · C.C.C. 내적치유상담실 실장

"성경을 볼 때 자꾸 곁길로 빠져요"

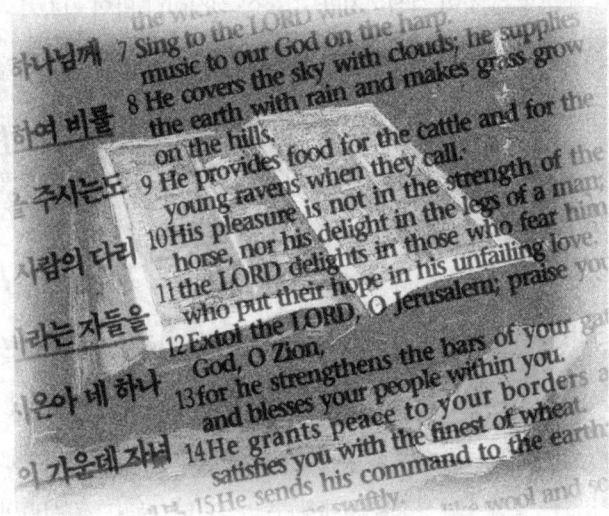

Q 다른 책이나 영화는 이해가 잘 되는데, 유독 성경은 이해가 잘 안 되고 눈에 잘 들어오질 않습니다. 매번 읽다가 딴 생각에 빠지기도 하고, 졸음에 무너져 버리기도 합니다. 사단의 방해인가요, 아니면 영적인 무지 때문인가요?

성경은 다른 책들과 똑같은 글자로 된 책이지만 전혀 다른 책입니다. 성경은 하나님의 말씀이며, 하나님은 성경의 원저자이십니다.

그 분은 영감을 받은 사람을 통하여 인간을 기자로서 사용하셨습니다. 성경은 사람이 쓴 것이 사실이지만, 그들이 사상이나 말의 창작자는 아닙니다. 이를 가리켜 디모데후서 3장 16절은 '모든 성경은 하나님의 감동으로 된 것' 이라고 증거하고 있습니다.

하나님의 감동이란 하나님의 입에서 나온 말을 성령의 감동으로 말미암아 사람이 쓴 것으로, 단어 선택이 하나님의 뜻과 일치하도록 하신 것입니다. 성경은 하나님의 입에서 나왔기 때문에 유일성을 지닌 책입니다. 그러므로 하나님의 마음에서 인간의 마음으로 성경을 이해하기 위해서는 성령의 도우심이 필요하며, 성령의 인도 없이는 이해할 수 없는 책입니다.

세상의 학문으로는 박사이지만 성경을 이해할 수 없는 반면, 학교를 다닌 일이 없는 할머니는 성경을 이해할 수 있습니다. 그러므로 성령의 인도를 받도록 기도하면서 말씀과 상호작용을 하십시오. 우리가 그 성경 속의 상황에 있는 것처럼 우리 자신을 몰입하여 1인칭으로 대입시켜 읽을 때 생생하게 이해될 것입니다.

한편, 성경의 어떤 부분은 인간들에게 숨겨 놓은 부분도 있습니다. 성경을 읽다가 이해되지 않을 때 언젠가 이해될 것이라 기도하면서 넘어가십시오. 이해가 안 되는 곳에 너무 몰두하지 않는 것이 좋습니다. 생선을 먹을 때 먼저 살을 발라서 먹듯이 이해되는 곳을 먼저 대하십시오.

저도 이해가 안 되어서 6개월간 계속 성령의 인도하심을 기도했는데, 어느 날 갑자기 눈이 열리고, 하늘문이 열리는 것처럼 너무도 선명하게 말씀이 이해되어 감격하며 기뻐했던 경험이 있습니다. 또 어떤 형제는 늘 궁금하여 걸리던 말씀을 함께 순모임하다가 나눔을 통하여 이해하게 되었다고 간증한 사례도 있습니다.

여러 신앙 서적은 성경을 이해하는 데 도움이 될 수 있습니다. 무엇보다 성경을 연구할 때 단편적인 단어나 한 구절에만 집중하지 말고, 전후 문맥을 통하여 이해하는 것이 성경 연구의 필수 조건입니다. 또한 성경 기록 당시의 역사적, 문화적, 신학적 배경을 알아야 잘 이해하게 될 것입니다. 이 단들은 특히 한 구절에만 국한하다 보니 독초같이 되고 있습니다. 물론 사단은 여러 가지 방법으로 믿는 자들을 방해하는데, 그 중 성경을 이해하는 것을 방해하기도 합니다.

성경을 읽을 때 성령의 도우심을 구하며 읽고 연구해야 원저자인 하나님의 마음을 밝히 이해하게 될 것입니다.

최근세 · 목포C.C.C. 대표간사

"이 땅에 푸르고 푸른 그리스도의 계절이 오게 하자!"

순(筍)출판사는 주님의 지상명령 성취와 한국 교회를 섬기기 위한 C.C.C.(한국대학생선교회)의 문서 사역을 감당하고 있습니다.

열린 상담실

ⓒ 순출판사 2002

2002년 12월 23일 초판 발행
2003년 1월 7일 초판 1쇄 발행
엮은이 : C.C.C. 편지
펴낸이 : 전 효 심
펴낸곳 : 순(筍)출판사

주소: 서울시 종로구 부암동 46-1
　　　서울 중앙우체국 사서함 1042호
전화: 02)394-6934~6, 팩스: 02)394-6937

천리안:cccnews
한국C.C.C. 인터넷:http://www.kccc.org
등록: ⓡ 제 1-2464호
등록년월일: 1999.3.15

※잘못 만들어진 책은 바꿔 드립니다.　　값 5,000원
본서의 판권은 순출판사에 있습니다. 무단 전재 및 복제를 금지합니다.
ISBN 89-389-0144-0